职业教育汽车类专业新形态教材

U0677028

CHUNDIANDONG QICHE WEIHU YU BAOYANG

纯电动汽车维护与保养

主　编　胡　萍　高　亮

副主编　陈　焱　刘林威　周　杨

参　编　谭　辉　蒋汝明　罗吉梁

　　　　李　君　熊陈军　王万君

重庆大学出版社

图书在版编目（CIP）数据

纯电动汽车维护与保养／胡萍，高亮主编. -- 重庆：
重庆大学出版社，2024.8. --（职业教育汽车类专业新
形态教材）. -- ISBN 978-7-5689-4620-9

Ⅰ.U469.72

中国国家版本馆 CIP 数据核字第 2024V3R513 号

纯电动汽车维护与保养

主　编　胡　萍　高　亮
副主编　陈　焱　刘林威　周　杨
策划编辑:陈一柳
责任编辑:陈一柳　　版式设计:陈一柳
责任校对:邹　忌　责任印制:赵　晟

*

重庆大学出版社出版发行
出版人:陈晓阳
社址:重庆市沙坪坝区大学城西路 21 号
邮编:401331
电话:(023) 88617190　88617185(中小学)
传真:(023) 88617186　88617166
网址:http://www.cqup.com.cn
邮箱:fxk@ cqup.com.cn（营销中心）
全国新华书店经销
重庆正光印务股份有限公司印刷

*

开本:787mm×1092mm　1/16　印张:11　字数:255千
2024 年 8 月第 1 版　2024 年 8 月第 1 次印刷
ISBN 978-7-5689-4620-9　定价:39.00 元

本书是一本"理+实"一体教材。本书基于"岗""课""赛""证"四个方面,对接纯电动汽车维修行业的典型工作任务而开发,全面培养学生的可持续发展能力。

本书主要包括"纯电动汽车维护与保养基础知识""纯电动汽车维修常用的工量具""纯电动汽车车身维护和保养""纯电动汽车电池与充电系统维护与保养""纯电动汽车驱动系统维护与保养""纯电动汽车底盘系统维护与保养""纯电动汽车冷却系统维护与保养""纯电动汽车空调系统维护与保养"8个项目。其中,每个项目基本框架结构为:任务描述—知识目标—技能目标—思政目标—理论知识—实践技能—任务工单—实训报告单。本书在项目选择上注重"精",在每个任务选择上注重"全",这样精而全地把纯电动汽车维护与保养介绍透彻,体现了现代职业教育的特色,培养学生的职业能力及就业能力。

本书在编写过程中,认真总结了多年来的教学及企业实践经验,吸收了国内外先进的教学模式和方法,主要具有以下特色:

①打破传统教材的章节体系,基于"工作过程"进行开发,在对纯电动汽车技术技能人才岗位调研的基础上分析出典型工作任务,采用"项目教学、任务驱动"的方式进行编写,注重学生的岗位需求及专项能力的培养。

②本书开发有对应的教学资源库,配套开发了课程标准、教学设计、教案、教学课件、任务工单、教学微课、教学动画等教学资源。

③本书可作为职业院校纯电动汽车制造与检测专业教材,也可作为纯电动汽车制造与维修企业员工培训用书。

④本书的每个项目都有明确的项目目标和操作指南,书中内容图文并茂、形式多样、贴近生产实际,有利于引起学生的学习兴趣。

本书的编写人员来自长期从事纯电动汽车制造与检测专业的一线教师以及纯电动汽车制造行业、汽车维修行业的专业人员,他们具有丰富的教学经验和行业实践经验。本书由胡萍、高亮担任主编,陈焱、刘林威、周杨担任副主编,谭辉、蒋汝明、罗吉梁、李君、熊陈军、王万君(排名不分先后)参与编写。具体分工如下:胡萍、高亮主要负责项目一的编写;陈焱、刘林威主要负责项目二的编写;周杨、蒋汝明主要负责项目三的编写;谭辉、高亮主要负责项目四的编写;罗吉梁、胡萍主要负责项目五的编写;李君、陈焱主要负责项目六的编写;熊陈军、周杨主要负责项目七的编写;高亮、王万君主要负责项目八的编写。本书的编写还得到汽车行业人员、思政教师的大力支持与帮助,参考和采用了许多相关专业文献和专家的意见,在此一并表示感谢。

由于本书编者水平有限,在编写过程中难免存在疏漏之处,恳请读者提出宝贵意见,以便后续改正。

CONTENTS 目 录

项目一　纯电动汽车维护与保养基础知识 …………………………… 1

项目二　纯电动汽车维修常用的工量具 ……………………………… 12

项目三　纯电动汽车车身维护与保养 ………………………………… 32

项目四　纯电动汽车电池和充电系统维护与保养 ………………… 46

项目五　纯电动汽车驱动系统维护与保养 ………………………… 64

项目六　纯电动汽车底盘系统维护与保养 ………………………… 83

项目七　纯电动汽车冷却系统维护与保养 ………………………… 102

项目八　纯电动汽车空调系统维护与保养 ………………………… 110

项目一 | 纯电动汽车维护与保养基础知识

【任务描述】

小张是某汽车4S店的售后服务人员,今天接待了一辆纯电动汽车,该车要进行全方位的维护与保养。

你知道如何对纯电动汽车进行维护与保养吗? 它有什么注意事项吗?

【知识目标】

1.能够描述纯电动汽车维护与保养的内容;

2.能够说出纯电动汽车维护与保养的周期;

3.能够说出纯电动汽车车间的安全注意事项;

4.能够说出纯电动汽车的组成结构。

【技能目标】

1.能在实车上快速找到纯电动汽车各零部件的安装位置;

2.能够熟练地对纯电动汽车各个系统进行维护作业;

3.能正确使用纯电动汽车维护所需的各种工具;

4.能够正确处理维护作业过程中产生的废旧弃物等。

【思政目标】

1.培养学生的企业质量意识、安全意识和环保意识;

2.培养学生吃苦耐劳、精益求精的工匠精神;

3.培养学生在工作过程中形成"7S"的工作态度。

【理论知识】

一、纯电动汽车维护与保养的认知

(一)纯电动汽车维护与保养的概念

纯电动汽车的维护与保养又称纯电动汽车维护或纯电动汽车保养,是指定期对纯电动汽车各部分进行以清洁、检查、润滑、紧固、调整和仪表检测为中心内容的作业。

1.清洁

清洁的目的是提高纯电动汽车的维护质量，防止零件腐蚀，减轻零件磨损，并为检查、润滑、紧固、调整、仪表检测作业做好准备。清洁的内容包括清理插座，清理动力电池、驱动电机、减速器和电机控制器的外表面等。

2.检查

检查的目的是查看汽车各零件是否松动或损坏。检查的内容包括检查冷却系统、驱动电机系统和制动能量回收系统的运行状况等。

3.润滑

润滑的目的是为汽车补充、更换润滑油，使相关部件处于最佳运行状态。润滑的内容包括使用符合车辆维修手册规定的润滑脂对汽车相关部件进行润滑，按规定补充或更换减速驱动桥、电动压缩机（又称空调压缩机）的润滑油等。

4.紧固

紧固的目的是保证汽车各零件的连接部位处于正常状态。紧固的内容包括紧固动力电池箱、车载充电机和高压配电装置的螺栓等。

5.调整

调整的目的是保证汽车各部分长期处于正常运行状态。调整的内容包括调整润滑油油量、冷却液液位、轮胎气压和动力电池电量等。

（二）纯电动汽车维护与保养的内容

1.汽车车身的维护（表1-1）

表1-1　汽车车身的维护

系统	检查内容	作业内容
车身	蓄电池	检查、测试并处理
	照明灯	检查并调整
	信号灯	检查并处理
	座椅安全带	检查、测试并处理
	雨刷及洗涤剂	检查并视情况处理
	收音机	检查并视情况处理
	导航	检查并视情况处理
	喇叭	检查并处理
	天窗	检查并处理

续表

系统	检查内容	作业内容
车身	门、窗开关	检查并处理
	机舱开关	检查并处理
	后备厢开关	检查并处理

2.驱动和冷却系统的维护(表1-2)

表1-2　驱动和冷却系统的维护

系统	检查内容	作业内容
驱动系统	高压绝缘测试及安全系统	检查并视情况处理
	驱动系统各高压线束防护	检查并视情况处理
	减速器总成	检查并视情况处理
	传动轴	检查并视情况处理
	紧固件	检查并视情况处理
	电机	检查并视情况处理
冷却系统	冷却液液位及冰点	检测液位,进行冰点测试
	水泵及冷却管路	检查渗漏情况并视情况处理
	散热水箱	检查并清洁

3.汽车空调系统的维护(表1-3)

表1-3　汽车空调系统的维护

系统	检查内容	作业内容
制冷系统	电动压缩机检查	检查异响
	绝缘性检查	检查电动压缩机绝缘电阻
	制冷功能测试	测试并处理
	线束及插接件	检查并视情况处理
	管路及固定件	检查并视情况处理
	制冷排水口	检查并视情况处理

续表

系统	检查内容	作业内容
制冷系统	空调滤芯	检查并视情况处理
制暖系统	暖风功能测试	测试并处理

4.汽车底盘的维护(表1-4)

表1-4　汽车底盘的维护

系统	检查内容	作业内容
转向系统	紧固件	检查并视情况处理
	转向横拉杆防尘套	检查并视情况处理
	电动助力转向功能	路试并视情况处理
制动系统	驻车制动器	检查并视情况处理
	制动液	液位检查
	真空泵及控制器	检查渗漏情况并视情况处理
	制动摩擦副	检查并视情况处理
	制动管路及分泵	检查渗漏情况
行驶系统	副车架及各紧固件	检查拧紧情况
	前后弹簧、减振器	检查渗漏情况等
	轮胎	检查胎压

5.动力电池及充电系统的维护(表1-5)

表1-5　动力系统及充电系统的维护

系统	检查内容	作业内容
动力电池	安全防护及绝缘	检查并视情况处理
	插接件状态	检查并视情况处理
	标志	检查并视情况处理
	螺栓紧固力矩	检查并视情况处理
	动力电池加热功能	检查并视情况处理

续表

系统	检查内容	作业内容
动力电池	外部检查	清洁处理
	数据采集	检查并视情况处理
充电系统	充电口及高压线	检查并视情况处理
	车载充电机功能测试	检查并视情况处理
	DC/DC 功能	检查输出电压并处理
	快充口绝缘检测	测量快充口绝缘电阻

（三）纯电动汽车维护的周期

纯电动汽车维护周期是指汽车进行同级维护之间的间隔期，一般是按行驶里程或时间来划分的，可以分成三个等级：日常维护、一级维护、二级维护。

1.日常维护

日常维护由驾驶员负责执行，主要内容是清洁、补给和安全检查，是保持车辆正常状况的经常性、必须性工作。

2.一级维护

一级维护由专业维修企业负责执行，主要内容除日常维护作业外，以清洁、润滑、紧固为主，并检查有关制动、操纵等安全部件。

3.二级维护

二级维护由专业维修企业负责执行，主要内容除一级维护作业外，以检查、调整为主，并拆检轮胎，进行轮胎换位等。

二、纯电动汽车维护与保养车间安全与环保

（一）"7S"管理制度

"7S"活动是企业现场各项管理的基础活动，它有助于消除企业在生产过程中可能面临的不良现象，通过开展整理、整顿、清扫等基本活动，使之成为制度性的工作，最终提高员工的职业素养。因此，"7S"活动对企业的作用是基础性的，其管理内容如图1-1所示。

"7S"活动是环境与行为建设的管理文化，它能有效解决工作场所凌乱、无序的状态，有效提升个人素养，有效改善文件、资料等的管理，有效提高员工的工作效率和团队能力，使工序简洁化、人性化、标准化。

"7S"活动的具体内容见表1-6。

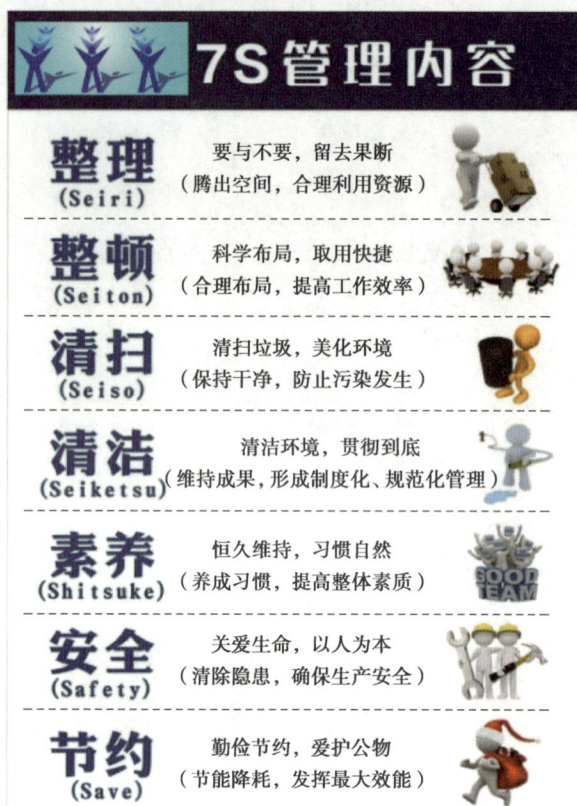

图 1-1 "7S"管理内容

表 1-6 "7S"具体内容

"7S"项目	具体内容
整理	增加工作区域;物流顺畅,防止误用等
整顿	工作场所应做到一目了然,减少取放物品时间,提高工作效率,保持工作秩序井然
清扫	清除现场污物和作业区的材料废料
清洁	把清理、整顿、清理作为一种习惯和制度的工作,也作为规范的基础
素养	通过素养,使员工成为一个遵守规章制度、有良好工作素养习惯的人
安全	确保员工人身安全,保证连续正常生产,减少安全事故
节约	合理利用时间、空间、精力等,最大限度地发挥效率,创造高效的工作场所

(二)车间安全用电

据统计,我国每年会有数千人死于触电相关事故,其中80%以上的都是因为违反安全用电规则造成的。其实,只要注意安全用电规则,很多事故是可以避免的。

近些年随着国家政策的鼓励,传统汽车市场在不断萎缩,而新能源汽车特别是纯电动汽车迎来了高速的发展阶段。由于纯电动汽车采用的是高压驱动,这些高压部件对我们的人身安全是有威胁的,因此我们必须要对纯电动汽车的高压系统部件有所了解,才能更加安全地使用纯电动汽车,从而保证我们的出行安全。

对纯电动汽车来说,其高压部件如图 1-2 所示。

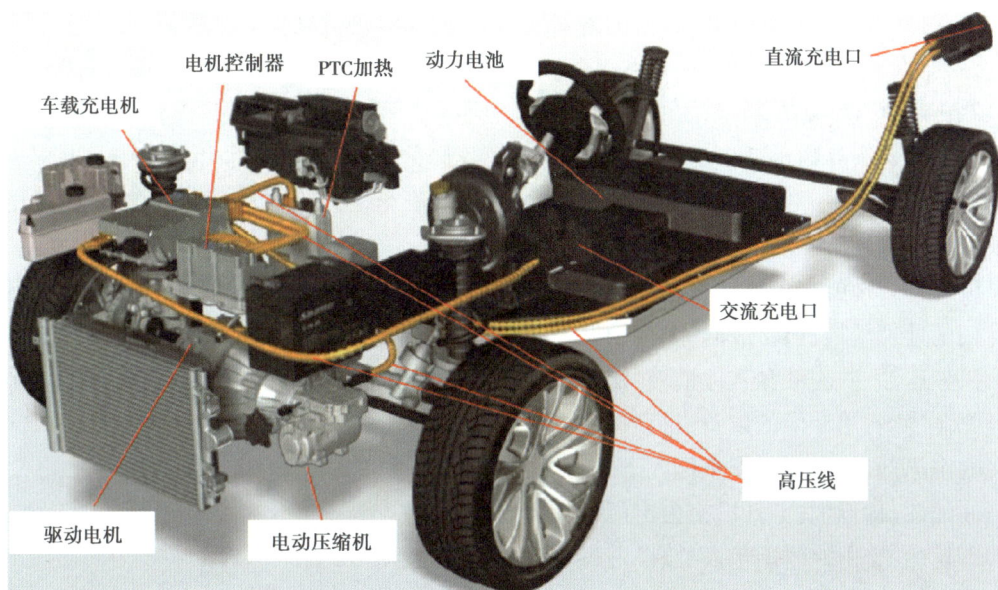

图 1-2　纯电动汽车高压部件(吉利 EV450)

当我们在车间时,除了知道电动汽车的高压部件,更重要的是要做到以下要求。

①未获取资格证书的人员不得维修汽车高压电气设备。

②任何人不准玩耍电气设备和开关。

③破损的电气设备应及时调换,不准使用绝缘损坏的电气设备。

④不准利用车身电源对纯电动汽车以外的用电设备供电。

⑤设备检修切断电源后,任何人不准启动挂有警告牌的电气设备,或合上拔去的保险或者开关。

⑥不准用水冲洗或擦拭电气设备。

⑦更换保险时,一定要符合标准。

⑧未经技术部门或主管部门审批,不准私自改动或加装额外装备。

⑨发现有人触电时,应立即切断电源进行抢救,未脱离电源前不准直接接触触电者。

⑩雷雨天气时,禁止室外对车辆充电和维修。

(三)车间环境防范

1.排液时的环境防范

①溶剂、酸、液压油、冷却液等类似物质不应倒入下水道,在使用的过程中必须要防止它

们溢出到下水道中。对这些物质进行操作时,应远离下水道,并准备好溢出处理工具。

②机油和溶剂等会污染所接触的土壤,因此在进行作业时,应防止溢出的油液流到地上。

③排放空调系统中的制冷剂或更换新的制冷剂时,必须使用合适的设备,以免制冷剂挥发到大气中造成环境污染。

④在操作过程中,如果有油、液洒落到地面上,要及时进行处理。

注意:在操作过程中一定要注意人身安全,防止油、液直接或间接对我们造成伤害。

2.废弃物的环境防范

妥善处置废弃物是减少污染的一种方法,使其避免流失到土壤、水和空气中。要根据废弃物的种类分离废弃物,如油、液、金属、蓄电池、废旧汽车零件等,防止不同材料之间发生化学反应,方便后续处理。

废弃物处理要交由具备处理此类特殊材料许可证的持有者,由他们负责将废弃物运送到专门的处理场地进行处理。废弃物处理时应遵循以下几点。

①液压油、防冻液和其他油液:交由特约承包商处理。

②制冷剂:用专门的设备进行收集或重复使用。

③洗涤剂:稀释后可安全倒入下水道。

④油漆、稀释剂:分开后交由专门承包商处理。

⑤轮胎:交由专门承包商处理。

⑥含石棉物质:分开后交由专门承包商处理。

⑦含油的废弃物(如抹布、用后的溢出工具及材料):交由专门承包商处理。

⑧零件:送回供应商处进行处理,或者拆卸和重复利用可使用部分,其余部分按一般废弃物进行处理。

⑨金属:从一般废弃物中分类后再做处理。

⑩包装:尽量压缩并以一般废弃物处理。

⑪橡胶、塑料:按一般废弃物处理。

⑫蓄电池:交由专门承包商处理。

⑬安全气囊:交由专门承包商处理。

⑭电子元件:送回供应商处理,或者拆卸可重复使用的零件,其余按一般废弃物处理。

注意:在处理废弃物时一定要注意人身安全,防止废弃物直接或间接对我们造成伤害。

【实践技能】

任务一　纯电动汽车安全下电(吉利 EV450)

①把车辆移动到纯电动汽车维修标准工位上。

②安装车轮挡块。

③打开驾驶室侧车门,拉起手刹,关闭点火开关至"OFF 挡"。

纯电动
汽车标准
下电

④安装车内防护套。

⑤打开机舱盖。

⑥安装车外防护垫。

⑦打开蓄电池负极电缆卡箍防尘罩。

⑧使用中号棘轮扳手、中号短接杆、10 号六角套筒拧松蓄电池负极电缆卡箍固定螺母，如图 1-3 所示。

⑨断开负极电缆，断电时长不少于 5 min，如图 1-4 所示。

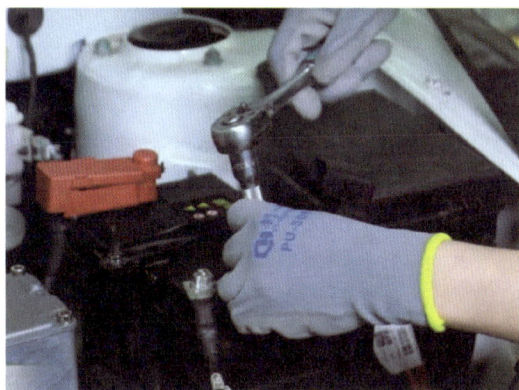

图 1-3　拧松蓄电池负极电缆卡箍固定螺母

图 1-4　断开负极电缆

注意：取下的负极卡箍要用绝缘防护套套起或者用绝缘胶带包裹，防止意外电击事故。

⑩正确打开车载充电机处的直流母线插接器卡箍开关，拆下直流母线，如图 1-5 所示。

注意：对高压系统进行操作时，必须要穿戴好绝缘手套，防止电击。

⑪调到合适的量程，用万用表测量直流母线处的电压，电压应该不大于"5 V"，如图 1-6 所示。

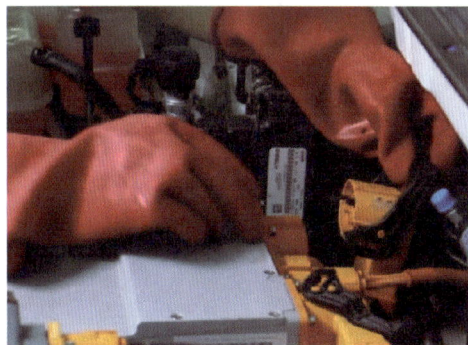

图 1-5　拆下直流母线

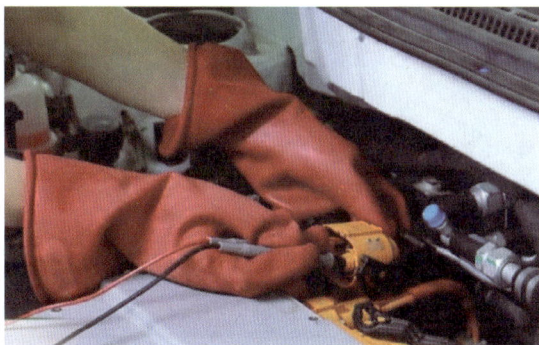

图 1-6　测量直流母线电压

注意：验电时要遵循"单手操作"，同时取下的直流母线插接器要用绝缘防护套套起或者用绝缘胶带包裹，防止意外电击事故。

⑫高压电下电完成。

任务二　触电急救——心肺复苏

①将伤者平躺在通风的平坦地方，并确保环境安全。

②松开伤者的衣扣，如图1-7所示。

③看伤者胸部是否有起伏。

④听伤者口鼻是否有呼吸声。

⑤试用两指轻按伤者颈动脉是否有跳动脉搏，如图1-8所示。

触电急救

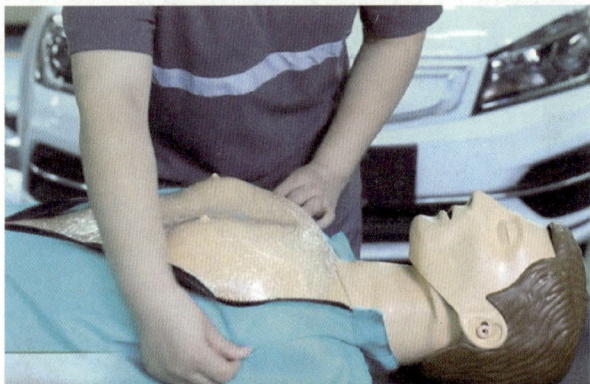

图1-7　松开伤者衣扣

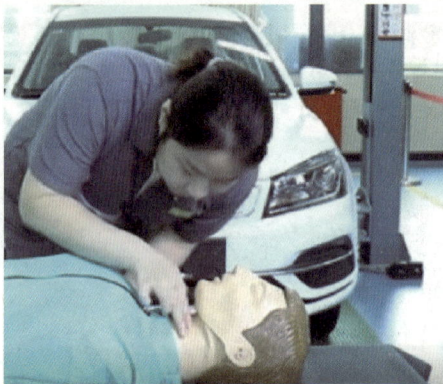

图1-8　查看是否有跳动脉搏

⑥伤者无脉搏、无呼吸时，要及时用"心肺复苏"法抢救。

⑦按压额头并抬起下颚，使嘴角和耳根垂直地面，如图1-9所示。

⑧捏紧伤者鼻孔，打开伤者口腔，向伤者嘴中吹气，吹完气后要迅速松开其鼻孔，如图1-10所示。

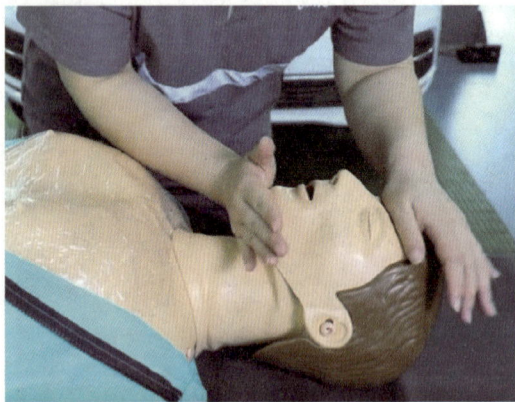

图1-9　抬起下颚

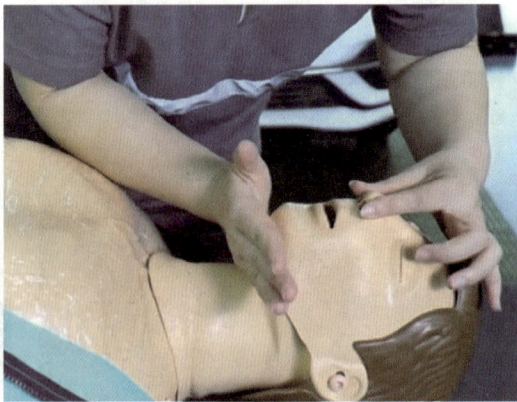

图1-10　人工呼吸

⑨双手相叠，手掌根部放在伤者的心窝上方，手掌根部用力垂直向下按压，如图1-11所示。

⑩按压30次后再次进行吹气，如此反复进行。

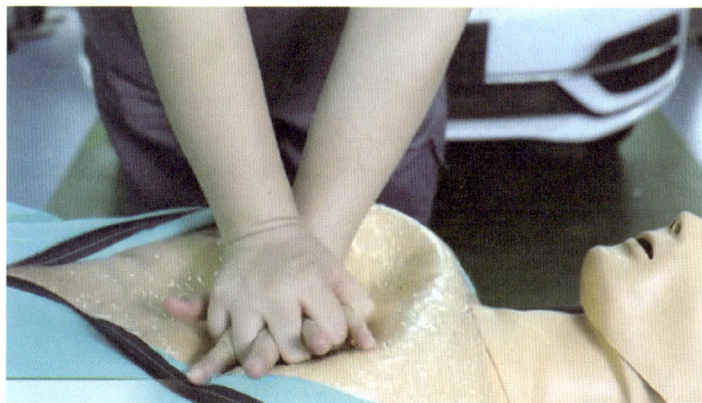

图 1-11　心肺复苏

注意：

①在条件允许的情况下应先拨打急救电话"120"。

②按压频率应为 60~80 次/min，同时在抢救过程中要不间断检查患者是否有意识或脉搏。

项目二｜纯电动汽车维修常用的工量具

【任务描述】

　　小王在某汽车的 4S 店工作。今天该 4S 店接待了一辆纯电动汽车,初步判断是动力总成出现了问题,需要用一些常用的和专用的工、量具对其进行检测。

　　那么,你知道新能源汽车维修中常用的和专用的工、量具都有哪些吗?

【知识目标】

　　1.能够描述纯电动汽车维修或维护工具的名称、作用、使用注意事项及规格划分;

　　2.能够描述纯电动汽车维修或维护量具的名称、作用、使用注意事项及规格划分。

【技能目标】

　　1.能够规范使用纯电动汽车维修或维护时的安全防护套装;

　　2.能够规范使用纯电动汽车维修或维护时的工、量具。

【思政目标】

　　1.培养学生的安全意识和环保意识;

　　2.培养学生与人合作的团队精神;

　　3.在工作过程中培养学生"7S"的工作态度。

【知识储备】

一、纯电动汽车维修中常用的工具

　　1.扳手

　　由于纯电动汽车存在一定的高压安全隐患,因此在扳手的外面或手柄处外包了一层绝缘层。

　　(1)呆扳手(开口扳手)

　　呆扳手一端或两端制有固定尺寸的开口,用以拧转一定尺寸的螺母或螺栓。呆扳手有单头和双头两种,如图 2-1 所示。呆扳手是最常见的一种扳手,其开口中心平面和本体中心平面成15°角,这样既适应人手的操作方向,又可降低对操作空间的要求。

图2-1 呆扳手

呆扳手的规格是以两端开口的宽度S(mm)来表示的,即扳手上的尺寸数字为开口的毫米数,如8~10 mm、12~14 mm等。开口扳手通常为成套装备,有8件一套,10件一套等,如图2-2所示。

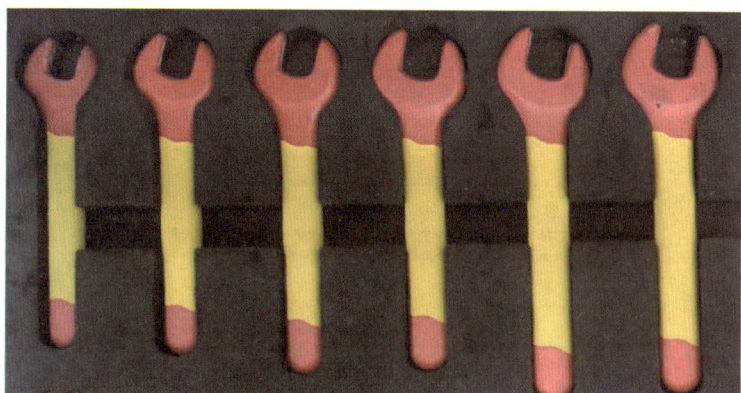

图2-2 呆扳手套装

(2)梅花扳手

梅花扳手的两端或一端是环状的,环的内孔为正六边形互相同心错转30°而成,如图2-3所示。

(3)内六角扳手

内六角扳手是用来拆装内六角螺栓(螺塞)的,其规格以六角形对边尺寸S表示,有3~27 mm共13种,如图2-4所示。

图2-3 梅花扳手

图2-4 内六角扳手

（4）套筒扳手

套筒扳手呈短管状，一端内部呈六角形或十二角形，用来套住螺栓头；另一端有一个正方形的头孔，该头孔用来与配套手柄的方榫配合。常用套筒扳手的规格是 10~32 mm，如图 2-5所示。

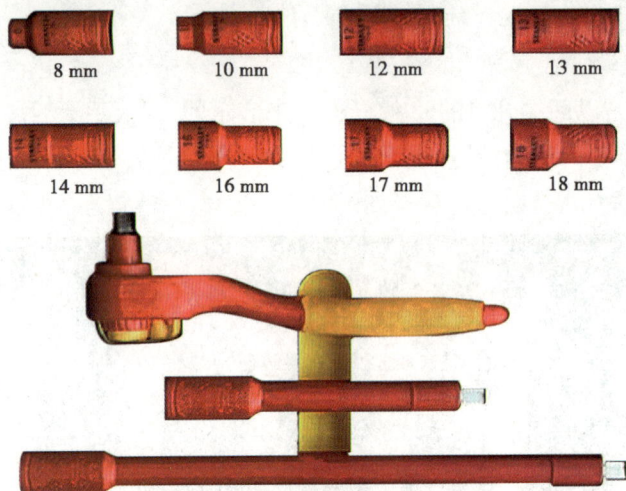

图 2-5　套筒扳手

（5）扭力扳手

扭力扳手是一种能读出所施扭矩大小的专用工具。其规格以最大可测扭矩来划分，主要用于有规定扭矩值的螺栓和螺母的装配，如汽缸盖、连杆、曲轴主轴承等处的螺栓。扭力扳手除用来控制螺纹件旋紧力矩外，还可以用来测量旋转件的起动转矩，以检查配合、装配情况。

常用的扭力扳手有指针式和预置力式两种。

●指针式扭力扳手：结构较简单，有一个刻度盘，当紧固螺栓时，扭力扳手的杆身在力的作用下发生弯曲，这样就可以通过指针的偏转角度大小表示螺栓、螺母的旋转程度，其数值可通过刻度盘读出。汽车维修中常用扭矩扳手的规格为 300 N·m，如图 2-6所示。

●预置力式扭力扳手：可通过旋转手柄，预先调整设定扭矩，达到设定扭矩时，该扳手会发出警告声响以提示用户，如图 2-7 所示。

扭力扳手具有以下功能要求及特点。

①在使用扭力扳手拧紧时，要用左手握住套筒，并保持扭力扳手的方榫部及套筒垂直于紧固件所在平面；右手握紧扭力扳手手柄，向自己这边扳转。禁止向外推动工具，以免滑脱而造成身体伤害。

②拧紧螺栓、螺母时，不能用力过猛，不可施加冲击扭力。当旋紧阻力不断增加时，旋转的速度应相应放缓，以免损坏螺纹。当扭力过大时，禁止在扭力扳手的手柄上再加装套管或用锤子锤击。

③切勿在达到预置扭力后继续旋力，如继续旋力，会使扭力大大超出预设值，除了会对

扳手造成严重损害外,还会损坏螺栓、螺母。

图 2-6　指针式扭力扳手

图 2-7　预置力式扭力扳手

④用扭力扳手紧固一个平面上多个固定螺栓且力矩较大时,要注意拧紧顺序,一般的拧紧顺序是从中间至两边且对角分多次拧紧,详细顺序以维修手册为准。

(6)活扳手

活扳手的开口尺寸能在一定范围内任意调整,使用场合与开口扳手相同,其规格是以最大开口宽度(mm)×扳手长度(mm)来表示的。常用的活扳手有 250 mm×30 mm、300 mm×36 mm等,使用时右手握其手柄,手越靠后扳动越省力,如图 2-8 所示。

活扳手操作起来不太灵活,需要旋转蜗杆才能使活动扳口张开及缩小,而且容易从螺栓上滑移,应尽量少用,使用时也应注意使扭力作用在开口较厚的一边。

2.旋具

旋具,俗称螺丝刀、起子、改锥等。旋具分两种,分别是"一"字螺钉旋具和"十"字螺钉旋具。

• "一"字螺钉旋具:又称一字形螺钉旋具、平口改锥,用于旋紧或松开头部开一字槽的螺钉,如图 2-9 所示。

图 2-8　活扳手

图 2-9　"一"字起子

• "十"字螺钉旋具:又称十字槽螺钉旋具、十字改锥,用于旋紧或松开头部带十字沟槽的螺钉,如图 2-10 所示。

3.手钳

手钳是汽车维修作业中使用最多的工具之一,其规格以钳长(mm)来表示。手钳通常用50 钢来制造,其种类很多,汽车修理中常用有钢丝钳、锂鱼钳、尖嘴钳、剥线钳和卡簧钳等。

(1)钢丝钳

钢丝钳主要用于夹持圆柱形零件,也可以代替扳手旋动小螺栓、小螺母,钳口后部的刃口还可剪切金属丝。钢丝钳的外形如图 2-11 所示,按其钳长分为 150 mm、175 mm、200 mm

三种。

图 2-10　"十"字起子

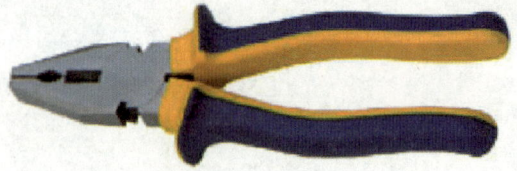

图 2-11　钢丝钳

（2）鲤鱼钳

鲤鱼钳的作用与钢丝钳相同,鲤鱼钳的中部凹凸粗长,便于夹持圆柱形零件,如图 2-12 所示。由于鲤鱼钳的一片钳体上有两个互相贯通的孔,又有一个特殊的销子,可以方便地改变钳口的大小,以适应夹持不同大小的零件,是汽车维修中使用较多的手钳。其规格以钳长来表示,一般有 165 mm 和 200 mm 两种。

（3）尖嘴钳

尖嘴钳因其头部细长,所以能在较小的空间中工作。带刃口的尖嘴钳能剪切细小零件,使用时不能用力太大,否则钳口头部会变形或断裂,如图 2-13 所示。尖嘴钳的规格以钳长来表示,常用为 160 mm 的尖嘴钳。

图 2-12　鲤鱼钳

图 2-13　尖嘴钳

（4）剥线钳

剥线钳可剥离塑料或橡胶绝缘导线的绝缘层,切断不同规格的常用铜芯、铝芯导线,如图 2-14 所示。

（5）卡簧钳

卡簧钳是专门用来拆装卡簧的工具,有多种结构形式,如图 2-15 所示。根据使用范围不同,卡簧钳分轴用和孔用两种,均有直嘴和弯嘴两种结构形式。轴用卡簧钳可用于将卡簧胀开,以便将卡簧从轴上拆下;孔用卡簧钳可以将卡簧收缩,以便将卡簧从轴孔内取出。

4.锤子

锤子,又称圆顶锤,汽车维修中常用的锤子根据材质不同可分为铁锤、铜锤、木锤和橡胶锤,如图 2-16 所示。

5.绝缘手套

绝缘手套是劳保用品,是用橡胶、乳胶、塑料等材料制成,能对手或者人体起保护作用。根据每种材料的不同特点,以及与手套接触的品种类型不同,绝缘手套具有专门的用途,一般具有防电、防水、耐酸碱等功能,适用于汽车和机械等行业的带电作业维修。

图 2-14　剥线钳

图 2-15　卡簧钳

在纯电动汽车维修中一般使用的绝缘手套如图 2-17 所示。

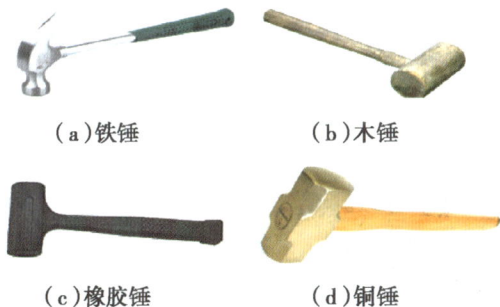

（a）铁锤　　　（b）木锤

（c）橡胶锤　　　（d）铜锤

图 2-16　锤子

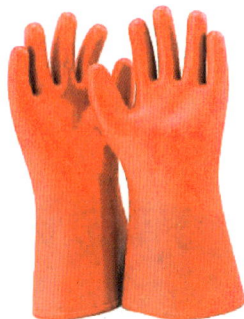

图 2-17　绝缘手套

该绝缘手套具有以下功能要求及特点。

①该绝缘手套使用于作业人员工作在交流电压不大于 1 000 V、直流电压不大于 1 500 V 的带电作业场所。

②在使用时如发现绝缘手套遭雨淋、受潮湿发生霉变,或有其他异常变化时,应到法定检测机构进行电性能复核试验。

③在使用绝缘手套前必须对其进行外观及充气检查,如果发现有任何破损则不能使用,如图 2-18 所示。

④在使用绝缘手套之前,必须检查其是否属于合格产品,是否在产品的保质期限内,规格是否正常等,如图 2-19 所示。

⑤作业时,应将衣袖口套入绝缘手套筒口内,以防发生意外。

⑥使用后,应将绝缘手套内外污物擦洗干净,待干燥后,撒上滑石粉放置平整,以防受压受损。

⑦绝缘手套应避免受酸、碱、油等腐蚀品物质的影响,不要露天放置,避免阳光直射,切勿放于地上。

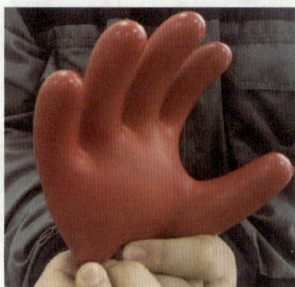

图 2-18　充气检查

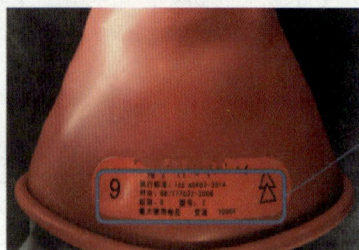

规格

图 2-19　规格检查

⑧使用 6 个月后必须对其进行预防性试验。

⑨可以选择使用肥皂及用温水对其进行洗涤。

6.绝缘鞋

绝缘鞋是使用绝缘材料制做的一种安全鞋。绝缘鞋可以分电绝缘皮鞋、塑料鞋、胶面胶鞋、布面胶鞋四大类。在纯电动汽车维修中一般用到的是电绝缘皮鞋,如图 2-20 所示。

7.安全帽

安全帽是防物体打击和坠落时对头部进行碰撞的头部防护装置。安全帽由帽壳、帽箍、顶带、后箍、下颚带、吸汗带和缓冲垫组成,如图 2-21 所示。

图 2-20　电绝缘皮鞋

图 2-21　安全帽

8.护目镜

护目镜是一种滤光镜,可以改变透过的光强和光谱,避免辐射光对眼睛造成伤害,同时在高压维修作业中还能防止电弧对眼睛的损伤。在纯电动汽车维修中常用的护目镜如图 2-22所示。

9.绝缘垫

绝缘垫又称为绝缘毯、绝缘橡胶板、绝缘胶板、绝缘橡胶垫、绝缘地胶、绝缘胶皮、绝缘垫片等,是一种具有较大体积电阻率和耐电击穿的胶垫,用于配电等工作场合的台面或铺地绝缘材料。绝缘垫一般采用胶类绝缘材料制作,用 NR、SBR、IIR 等绝缘性能优良的非极性橡胶制造,如图 2-23 所示。

10.放电工装

放电工装是主要用来对高压电池或高压电容进行放电的设备,如图 2-24 所示。

放电工装具有以下功能要求及特点。

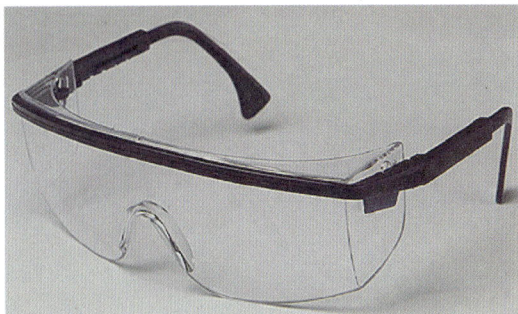

图 2-22　护目镜

图 2-23　绝缘垫

①放电流程:验电—放电—再验电。

②在使用放电工装前,要检查其性能是否正常。

③在使用放电工装时正负表笔不要接反,以防止将其损坏。

④为了安全,在使用放电工装时要遵循单手操作指令。

11.拉拔器

拉拔器也称拉卸器或扒马,俗称扒子,主要由拉臂和中心螺杆组成。其中,拉拔器的螺杆前端加工为锥形,后端有供扳手拧动的内六角,主要用于汽车维修中静配合副和轴承部位的拆装。常见的拉拔器有两爪和三爪两种类型,如图 2-25 所示。

图 2-24　放电工装

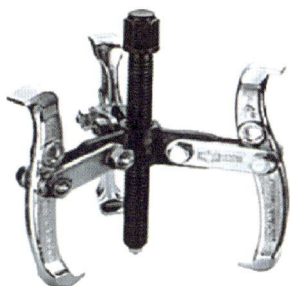

（a）三爪拉拔器

（b）两爪拉拔器

图 2-25　拉拔器

二、纯电动汽车维修中常用的量具

1.游标卡尺

游标卡尺简称卡尺,可分为机械式游标卡尺和数字游标卡尺两种。机械式游标卡尺用得最多,一般由外测量爪、内测量爪、固定螺栓、副尺、主尺和深度尺组成,如图 2-26 所示。机械式游标卡尺的主尺上刻有主刻度线,游标尺上刻有游标刻度,能够正确且简单地测量长度、外径、内径及深度。

机械式游标卡尺根据最小刻度可分为不同的精度等级。游标卡尺副尺上有 50 个刻度,每刻度表示 0.02 mm,该等级的游标卡尺在汽车维修工作中使用得最多。

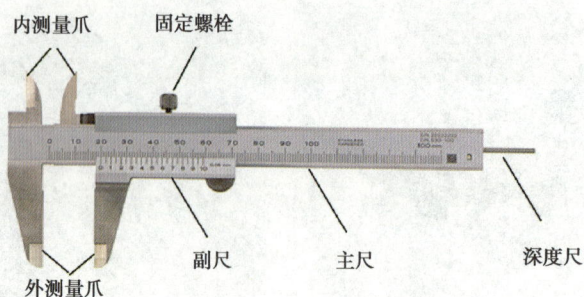

图 2-26　机械式游标卡尺

游标卡尺的读数方法如下。

①读出游标零线左边与主刻度尺身相邻的第一条刻度线的整毫米数，即测得尺寸的整数值。

②读出游标尺上与主刻度尺刻度线对齐的那一条刻度线所表示的数值，即为测量值的小数。

③把从尺身上读得的整毫米数和从游标尺上读得的毫米小数加起来即为测得的实际尺寸。

2.外径千分尺

外径千分尺也称为螺旋测微器，它是利用螺纹节距来测量长度的精密测量仪器，是一种用于测量加工精度要求较高的零部件。它的测量精度比游标卡尺还要高，测量精度可达到0.01 mm。外径千分尺主要由固定套管、微分筒（粗调）、细调棘轮、测量面、尺架、锁紧手柄和隔热装置等组成，如图 2-27 所示。

外径千分尺根据规格的不同可分为 0~25 mm、25~50 mm、50~75 mm、75~100 mm 等，应根据所测零部件外径粗细而选择不同规格的千分尺，如图 2-28 所示。

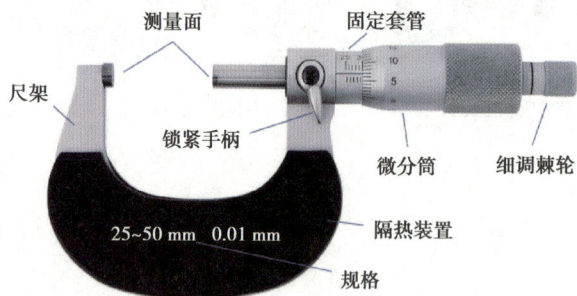

图 2-27　外径千分尺

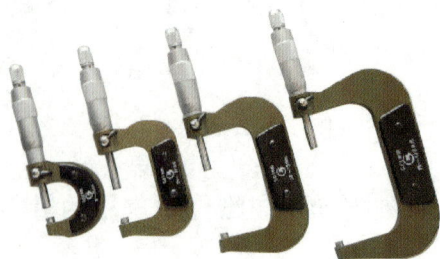

图 2-28　不同规格的外径千分尺

外径千分尺的读数方法如下。

①读出固定套管上的部分：从起始刻度开始到微分筒对应的刻度为止，读出固定套管上面的整数和下面的小数部分刻度。

②读微分筒上面的部分：微分筒上面对应固定套管上中间线的刻度（从下往上读）。

③最终读数：套管部分读数+微分筒部分读数。

外径千分尺具有以下功能要求及特点。

①使用前应确保进行零点校正,若有误差请用调整扳手调整或用测定值减去误差。

②被测部位及外径千分尺必须保持清洁,若有油污或灰尘必须立即擦拭干净。

③测量时请将被测面轻轻顶住砧子,转动限荷棘轮及套筒使测轴前进,不可直接转动活动套管。

④测量时尽可能握住千分尺的弓架部分,同时要注意不可碰及砧子。

⑤旋转后端棘轮旋钮,使两个砧端夹住被测部件,然后再旋转棘轮一圈左右,当听到发出两三响"咔咔"声后,就会产生适当的测定压力。

⑥为防止因视差而产生误读,最好让眼睛视线与基准线成直角后再读取读数。

⑦使用时应避免其掉落地面或遭受撞击,如果不小心落地,应立刻检查并作适当处理。

⑧严禁将外径千分尺放置在污垢或灰尘很多的地点,并且要在使用后将测砧和测轴的测定面分离后再放置。

⑨为防止生锈,使用后须立即擦拭并涂上一层防锈油。保存时应先将其放置于储存盒内,再将储存盒置于湿度低、无振动的地方保存。

⑩禁止用外径千分尺测量运转或高温机件。

⑪校准棒要保持完好无损,当必须进行拆卸保养时,应特别注意其螺纹并用时不可用力拧紧微分筒。

3.钢直尺

钢直尺是最基本的测量工具,是用薄钢板制成的,它一般用于精度要求不高可以直接测量出工件的尺寸,如图 2-29 所示。

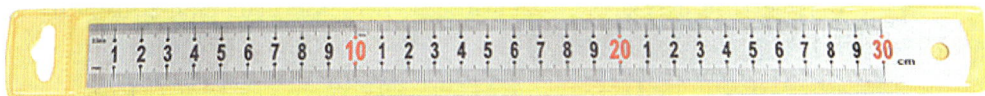

图 2-29 钢直尺

4.万用表

万用表主要用于进行电流、电压、电阻的检测,导线的通断性检测,电子元器件的检测等。

万用表有指针式和数字式两种。数字式万用表由于仪表灵敏度高,准确度高,显示清晰,过载能力强,便于携带,使用简单等优点,在汽车维修中使用得最多;指针式万用表一般不用于汽车电子元器件的测试,如图 2-30 所示。

数字式万用表具有以下功能要求及特点。

①液晶显示:若被测电压为负值,显示值前将带"-"号;若所测电压超出量程,将会在屏幕左端显示"1"或"-1"。

②量程开关:在面板中央的量程开关配合各种指示盘,可完成不同的测试功能和量程的选择;在应用中一定要根据被测元件选择不同的挡位开关,以免万用表或外电路受损。

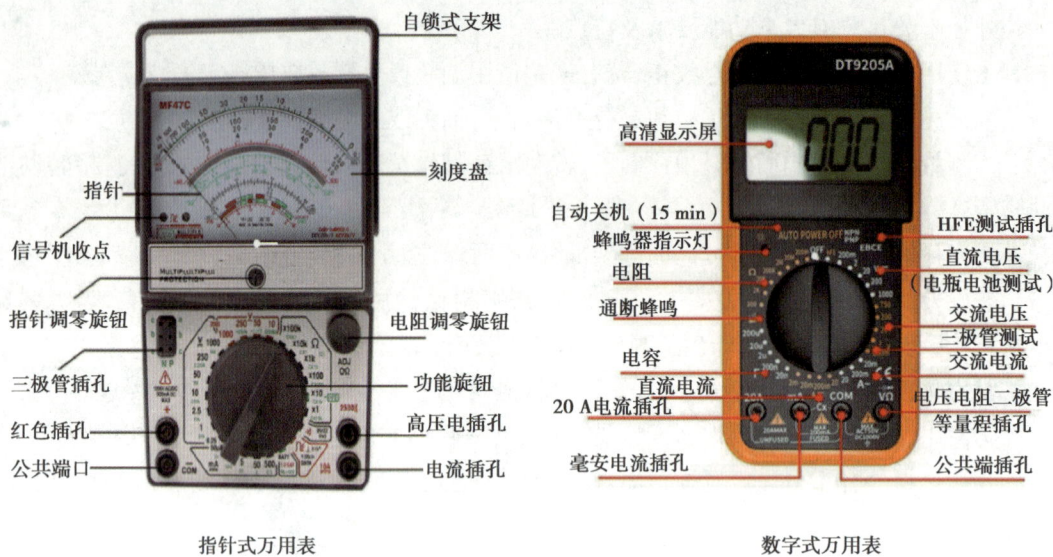

图 2-30　万用表

③输入插口在面板的下部,标有"COM""V·Ω""mA"和"10 A"。使用时,黑表笔插入"COM"插孔,红表笔根据被测量的种类和大小插入"V·Ω""mA"或"10 A"的插孔中,如图2-31 所示。

④测量直流电压是汽车电气设备维修中最常用到的测量项目。测量时应将红表笔插入"V·Ω"插口,黑表笔插入"COM"插口,同时量程开关一定要选择直流电压挡。

⑤测量电阻时,将量程开关拨至"Ω"挡范围内的适当量程。将红色测试导线插入"V·Ω"插口,并将黑色测试导线插入"COM"插口。同时,在测量电阻或电路的通断性时,为避免受到电击或造成万用表损坏,请确保电路的电源已关闭,并将所有电容放电。

⑥测量二极管时,将量程开关旋至二极管符号挡,将红色表笔插入"V·Ω"插口,将黑色表笔插入"COM"插口。将红色探针接到待测的二极管阳极,而黑色探针接到二极管阴极。此时,万用表上显示的是二极管的正向电阻;若将测试表笔的极性与二极管的电极反接,则显示屏显示的是"1"或"0"。通过这样的测量,可以区分二极管的阳极和阴极,并可判断二极管的好坏,如图 2-32 所示。

⑦如果无法预先估计被测电压或电流的大小时,则应先拨至最高量程挡测量一次,再视情况逐渐把量程减小到合适位置。

⑧万用表使用完毕后应关闭电源,放回盒子,保存于干燥且干净的地方,禁止把万用表放在高温、易冲击或者容易掉下的地方。

5.绝缘电阻测试仪

绝缘电阻测试仪又称兆欧表,是测量大容量变压器、互感器、发电机、高压电动机、电力电容、电缆等绝缘电阻的理想测试仪器。

绝缘表一般可分为两种:机械式手摇兆欧表和数显兆欧表,如图 2-33 所示。

红笔接正极　　黑笔接负极

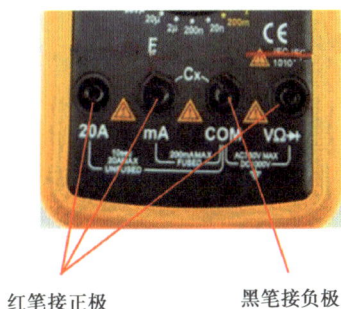

图 2-31　表笔插线孔

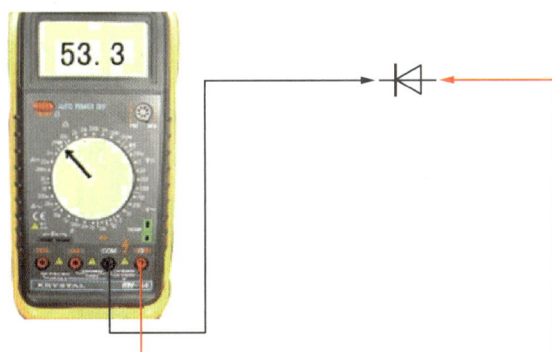

图 2-32　二极管测量

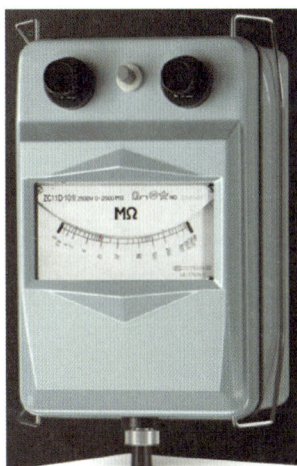

（a）机械式手摇+兆欧表　　（b）数显兆欧表

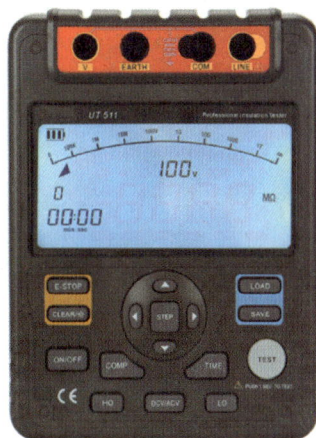

图 2-33　绝缘电阻测试仪

目前用得最多的是数显兆欧表。数显兆欧表由中大规模集成电路组成,输出功率大,短路电流值高,输出电压等级一般有 4 个电压等级。数显兆欧表的工作原理为由机内电池作为电源,经过 DC/DC 变换产生的直流高压,这个高压由 E 极输出经被测件到达 L 极,从而产生一个从 E 到 L 极的电流。这个电流经过 I/V 变换和除法器完成运算后,直接将被测的绝缘电阻值由显示屏显示出来。

数显兆欧表具有以下功能要求及特点:

①有多种电压挡输出选择(100 V、250 V、500 V、1 000 V),测量电阻量程范围可达 0 Ω ~ 200 GΩ,电阻量程范围可自动转换,并有相应的指示。

②在测量前,应先确定待测电路或元器件没有电存在。请勿测量带电线路或元器件的绝缘部分,如果被测件有电存在要先放电后再测量。

③兆欧表在使用前要对其进行短路和断路检测。短路检测时要把挡位调到最小挡位(100 V 挡),断路检测时要把挡位调到最大挡位(1 000 V 挡)。

④在使用绝缘表时,要把红表笔插入"LINE"插孔,黑表笔插入"EARTH"插孔,如图 2-34

所示。

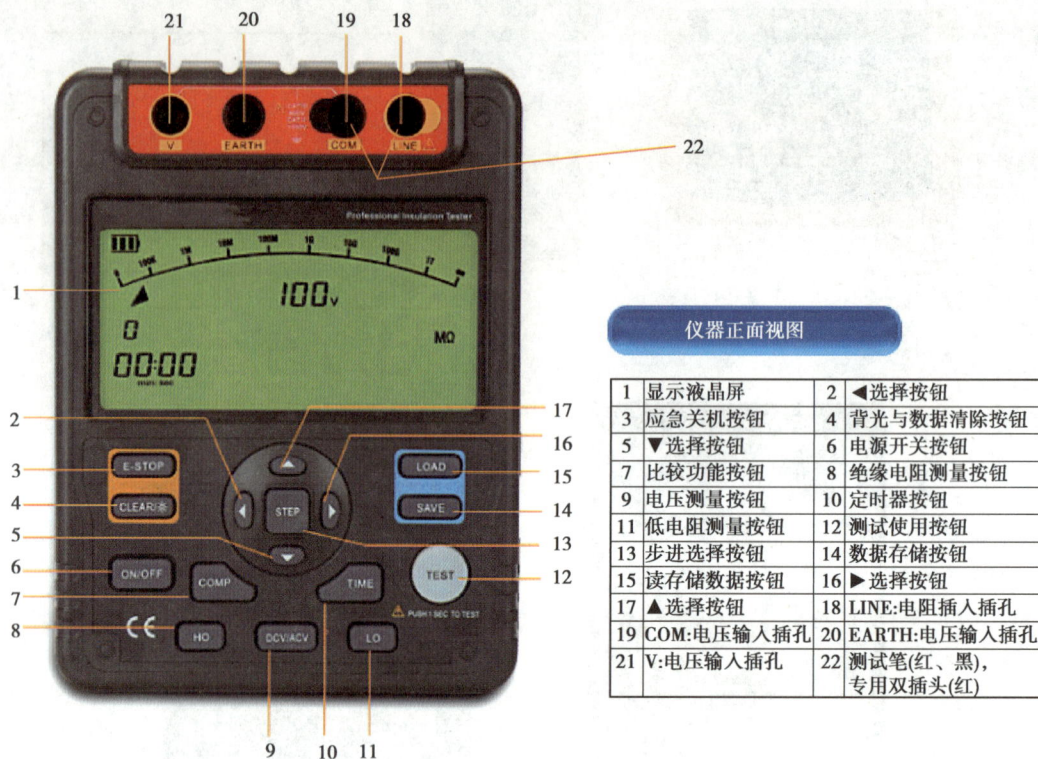

仪器正面视图	
1 显示液晶屏	2 ◄选择按钮
3 应急关机按钮	4 背光与数据清除按钮
5 ▼选择按钮	6 电源开关按钮
7 比较功能按钮	8 绝缘电阻测量按钮
9 电压测量按钮	10 定时器按钮
11 低电阻测量按钮	12 测试使用按钮
13 步进选择按钮	14 数据存储按钮
15 读存储数据按钮	16 ►选择按钮
17 ▲选择按钮	18 LINE:电阻插入插孔
19 COM:电压输入插孔	20 EARTH:电压输入插孔
21 V:电压输入插孔	22 测试笔(红、黑), 专用双插头(红)

图 2-34　数显兆欧表功能键

⑤在使用兆欧表检测绝缘性时,一般测量时间持续 3~5 s,完成测量操作后要断开测量笔与被测电路或元器件的连接。

⑥数显兆欧表为交直流两用,但请勿测量交流 750 V/直流 1 000 V 以上的电路或元器件。

⑦测量时要戴绝缘手套,防止触电。

⑧测量内置残留高压放电电路时,测试完毕可自动放掉被测设备上的残留高压。

6.接地电阻测试仪

接地电阻测试仪是一款专业测量电气设备接地电阻的仪器。它可以用于新能源汽车维修行业、电力行业等接地系统电阻值的测量,还可以用于测量交流电压,如图 2-35 所示。

接地电阻测试仪具有以下功能要求及特点。

①使用前一定要对其进行短路和断路检测。短路检测时要把挡位调到最小挡位(20 Ω 挡),断路检测时要把挡位调到最大挡位(2 000 Ω 挡)。

②在测量接地电阻时,应先确定待测电路或元器件中没有电。请勿测量带电线路或元器件的电阻值,如果被测件有电存在要先放电后再测量。

③测量时要戴绝缘手套,防止触电。

接地交流电按钮
2 000 Ω量程选择按钮
200 Ω量程选择按钮
20 Ω量程选择按钮
P端口：电位极
C端口：电流极
E端口：接地极
ACV端口：电压极
外接（另购）
电源适配器插孔
测试工作
指示灯
背带绳穿孔
数据保持按键
测试按钮
电源开关键
液晶显示屏

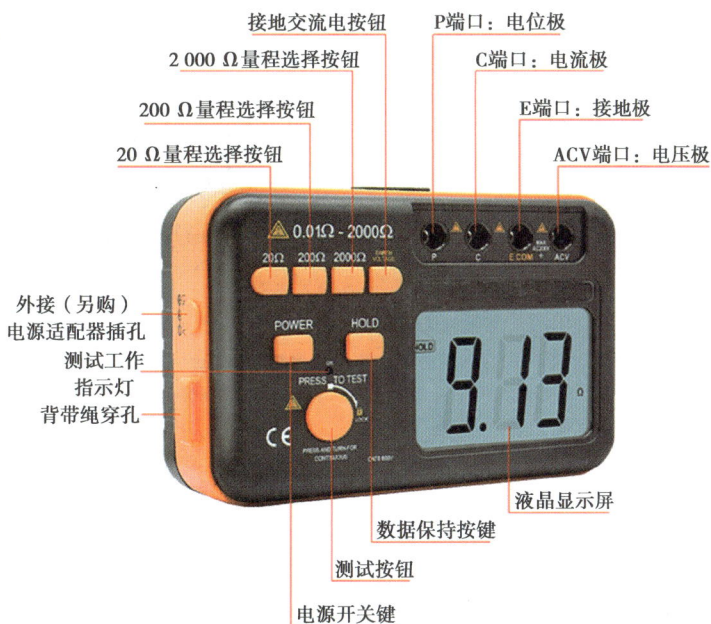

图 2-35 接地电阻测试仪

【实践技能】

任务一 万用表的使用

一、电阻测量

①接线：黑表笔接公共地端"COM"孔，红表笔接"V\Ω\℃\Hz"孔，如图 2-36 所示。

②选择电阻"Ω"挡位，如图 2-37 所示。

③校表。打开挡位开关至电阻挡的最小挡位（有些万用表没有），红表笔指针和黑表指针接触，读取万用表数值应该在"0 Ω"左右，如果数值误差过大则需要更换万用表，如图2-38所示。

④红表笔指针接触被测电阻的一端；黑表笔指针接触被测电阻的另外一端。

⑤红、黑表笔串联到电路中，读取测量数据，如图 2-39 所示。

☆友情提示

①如果万用表有不同的电阻量程挡位，要根据被测电阻的大小选择对应的电阻挡位，防止因选择挡位过小或过大而测量不准确。

②在测量某电路电阻时，必须切断被测电路的电压，不得带电测量。

万用表的
使用

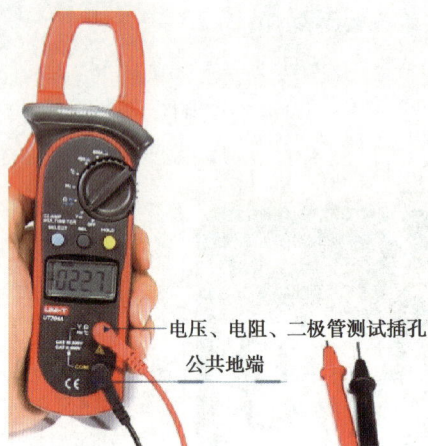

电压、电阻、二极管测试插孔
公共地端

图 2-36　接线

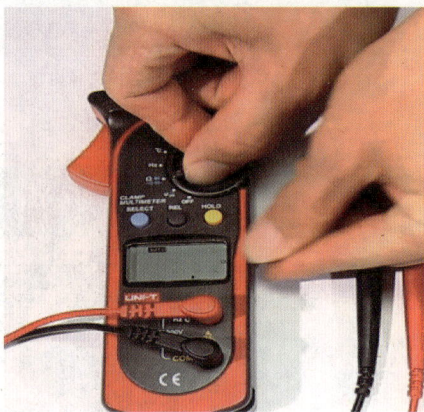

图 2-37　选择电阻挡

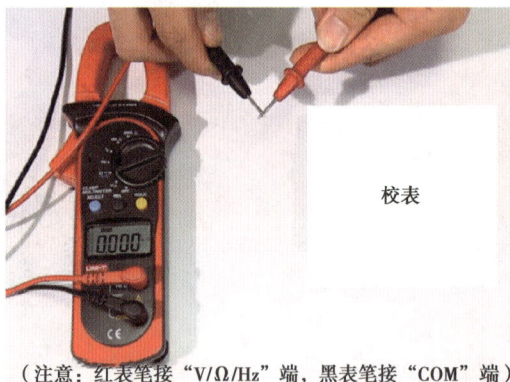

校表

（注意：红表笔接"V/Ω/Hz"端，黑表笔接"COM"端）

图 2-38　校表

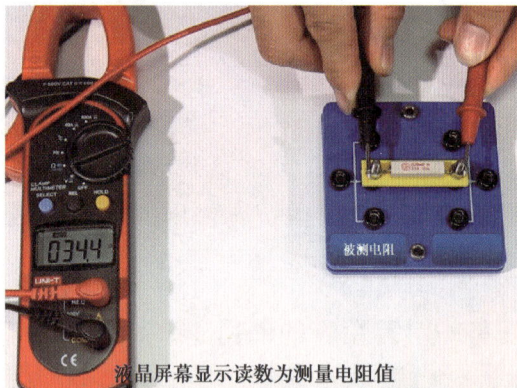

液晶屏幕显示读数为测量电阻值

图 2-39　读取数据

二、测量电压

1.测直流电压

①接线。黑表笔接公共地端"COM"孔，红表笔接"V\Ω\℃\Hz"孔。

②通过转动挡位开关，使挡位箭头转到直流电压挡位"V⎓"。

注意：如果万用表有不同的电压量程挡位，要根据被测电压的大小选择对应的电压挡位（选择的挡位必须要比被测电压大），防止因选择挡位过小而烧毁万用表。

③由于被测电压大约 12 V，因此选择"20 V"的挡位开关（此步骤有些万用表不需要）。

④红表笔指针接触被测电源的正极"＋"；黑表笔指针接触被测电源的负极"－"。

⑤红、黑表笔并联到电路中，读取测量数据，如图 2-40 所示。

2.测交流电压

①接线。黑表笔接公共地端"COM"孔，红表笔接"V\Ω\℃\Hz"孔。

②通过转动挡位开关，使挡位箭头对准交流电压挡位"V∼"。

③红表笔指针接触被测电源的正极"+"。

④黑表笔指针接触被测电源的负极"-"。

⑤红、黑表笔并联到电路中,读取测量数据,如图 2-41 所示。

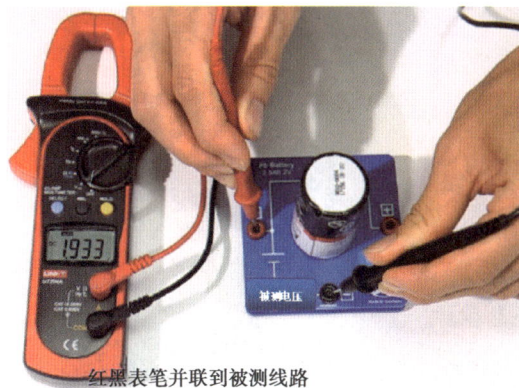

红黑表笔并联到被测线路

图 2-40　读取数据

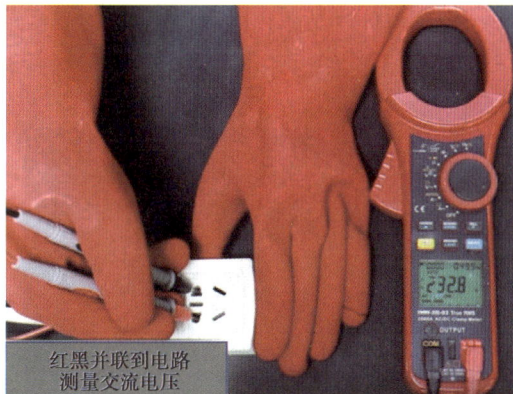

红黑并联到电路测量交流电压

图 2-41　读取数据

三、"通断"测量

①接线。黑表笔接公共地端"COM"孔,红表笔接"V\Ω\℃\Hz"孔。

②转动挡位开关,使挡位箭头对准"蜂鸣挡"。

③红表笔指针接触被测导线的一端。

④黑表笔指针接触被测导线的另外一端。

⑤红、黑表笔串联到电路中。

⑥如果万用表发出"嗡"的声音则表示导线良好,否则说明导线断开。

☆ 特别说明

①在使用万用表过程中,不能用手去接触表笔的金属部分。这样一方面可以保证测量的准确,另一方面也可以保证人身安全。

②在测量某一电量时,不能在测量的同时换挡,尤其是在测量高电压或大电流时,更应注意。否则,会毁坏万用表。如需换挡,应先断开表笔,换挡后再去测量。

③在使用万用表时,必须将其水平放置,以免造成误差。同时,还要注意到避免外界磁场对万用表的影响。

④万用表使用完毕,应将转换开关置于交流电压的最大挡。如果长期不使用,还应将万用表内部的电池取出来,以免电池腐蚀表内其他器件。

⑤在不清楚被测数据大小时,应先将量程开关置于最大值,然后由大量程往小量程切换。

任务二　绝缘电阻测试仪的使用

一、常用功能键介绍

①ON\OFF：一键开机，再按一次关机，如图 2-42 所示。

②CLEAR：长按打开或关闭背光源，如图 2-43 所示。

绝缘表
使用

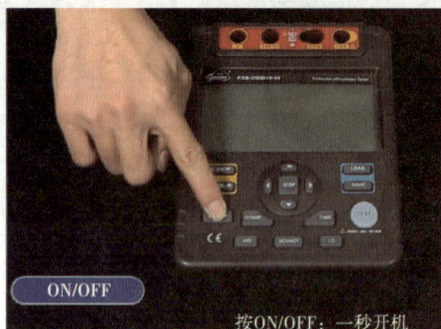

图 2-42　ON/OFF 键

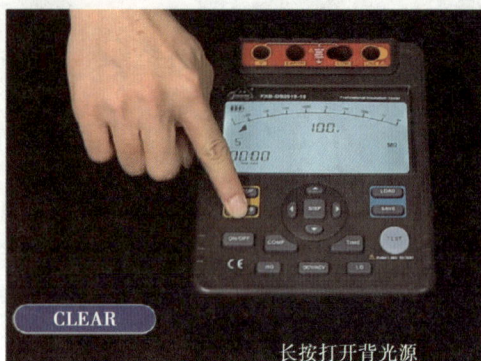

图 2-43　CLEAR 键

　　③SAVE：存储当前液晶数据，如图 2-44 所示。当显示屏左上存储数据个数显示足够多时，液晶会显示 FUL 符号，表示存储器已满，应按"CLEAR"键清除存储器内的数据后才能再次存储下一组数据。

　　④LOAD：无高压输出时此功能有效，按一次读取第一次"SAVE"存储的数据，再按一次退出 LOAD 操作，如图 2-45 所示。

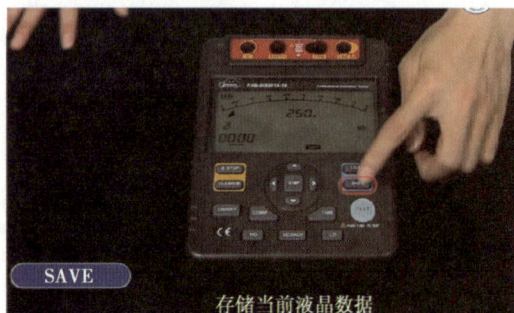

图 2-44　SAVE 键

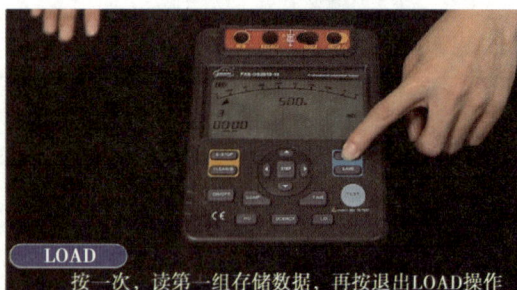

图 2-45　LOAD 键

　　⑤COMP：比较功能键，如图 2-46 所示。

　　⑥TIMP：定时测量，每按一次，改变绝缘电阻测量模式：连续测量—定时器测量—极化指数测量，如图 2-47 所示。

　　⑦STEP：步进选择按键，每按一次，液晶循环显示"S1-S2-S3"。

　　⑧TEST：打开输出或关闭绝缘电阻测试电压，如图 2-48 所示。

　　⑨Ho：绝缘电阻测量功能，如图 2-49 所示。

　　⑩Lo：低电阻测量功能，如图 2-50 所示。

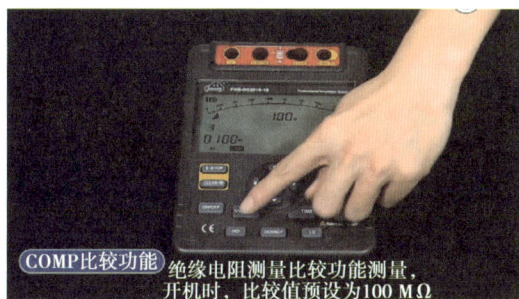

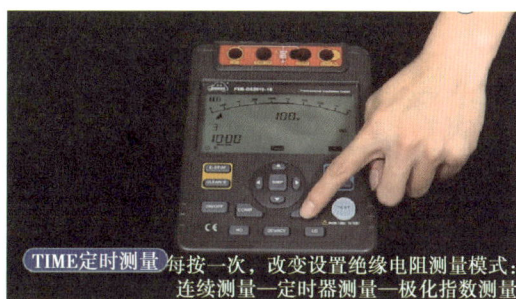

图 2-46　COMP 键

图 2-47　TIMP 键

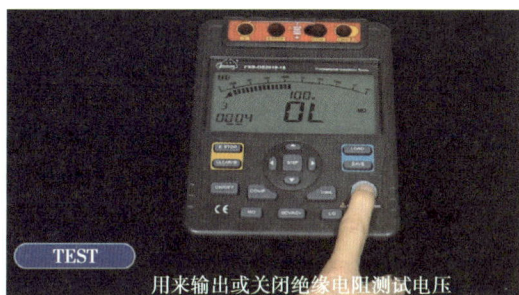

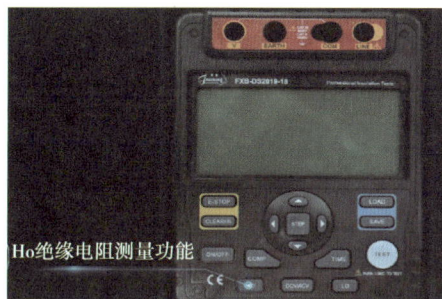

图 2-48　TEST 键

图 2-49　Ho 键

⑪DC/ACV：电压测量功能，如图 2-51 所示。

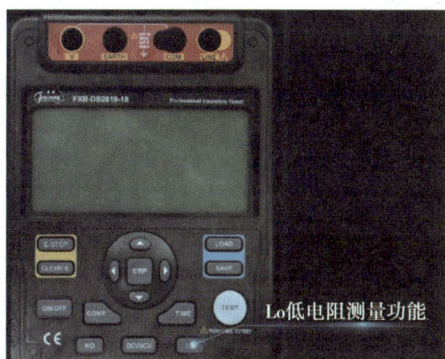

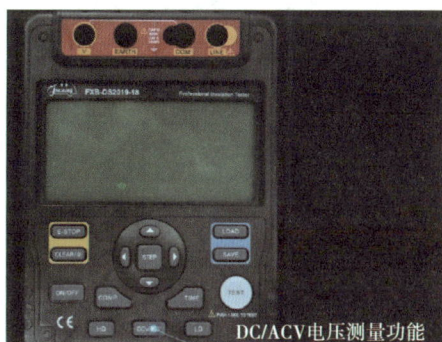

图 2-50　Lo 键

图 2-51　DC/ACV 键

⑫E-STOP：应急开关，可强制复位关机，如图 2-52 所示。

⑬▲\▼：上下方向选择键。测量绝缘电阻时可上下调整输出电压值大小；读取数据时可以上下翻看存储数据。

⑭◄\►：左右方向选择键。当定时测量绝缘电阻时，可递增或递减设置时间；当用比较功能绝缘电阻时，可递增或递减设置电阻比

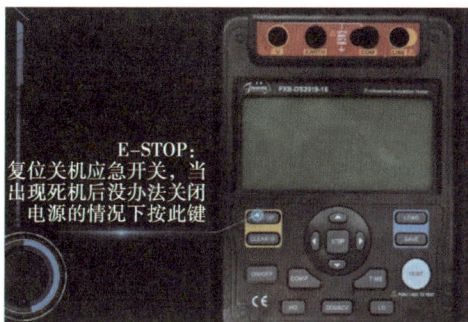

图 2-52　E-STOP 键

较值。

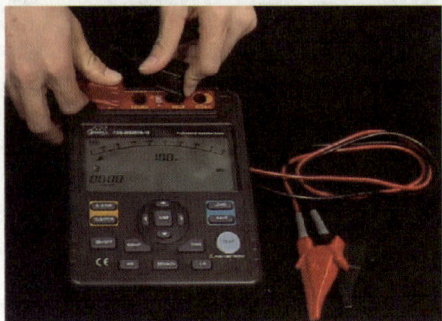

图 2-53　接线

二、电压测量

①接线。将红表笔接"V"端，黑表笔接"COM"端，如图 2-53 所示。

②根据被测电压，按"DC/ACV"键设置到直流或交流电压挡，如图 2-54 所示。

③分别将红黑表笔或夹子接入被测电压，如图 2-55 所示。

④读取数据。

注意：被测电压不要高于 1 000 V 或 750 V_{rms}，否则有可能会损坏仪表，同时在测量高电压时要佩戴好绝缘手套，做好安全防护。

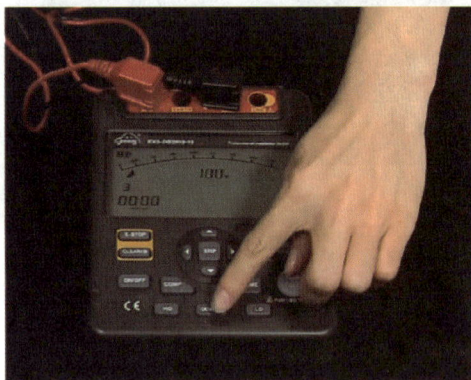

图 2-54　设置电压挡

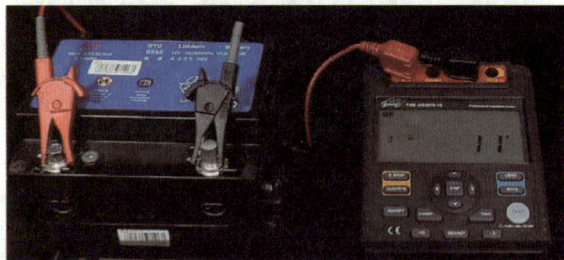

图 2-55　接入被测电压

三、绝缘电阻测量

①接线。将红表笔接"LINE"端，黑表笔接"EARTH"端，如图 2-56 所示。

②分别将红黑表笔或夹子接入被测电压。

③按下"TEST"测量，灯点亮，表示有电压从"LINE"端输出，如图 2-57 所示。

④读取测量值。

☆ 友情提示

①在测量前，必须保证被测电路无电存在，请勿测量带电设备或线路。

②请勿在高压输出的情况下，短接红黑表笔。

③测量时间不要超过 10 s。

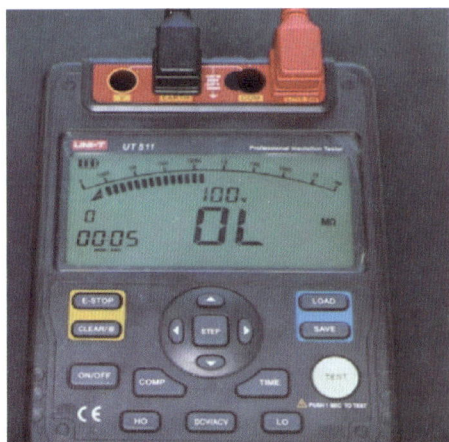

图 2-56　接线

图 2-57　按下"TEST"键

四、低电阻测量

①接线。将红表笔接"LINE"端,黑表笔接"EARTH"端。

②按下"Lo"键,如图 2-58 所示。

③分别将红黑表笔或夹子接入被测电压,电压从"LINE"端输出。

④读取测量值,如图 2-59 所示。

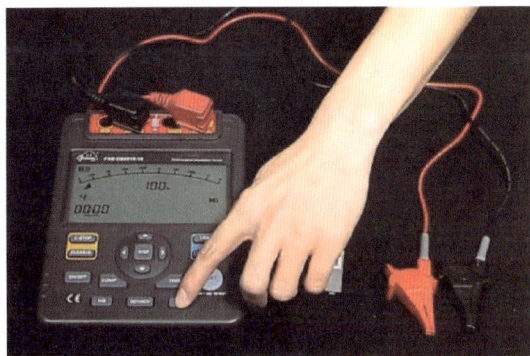

图 2-58　按下"Lo"键

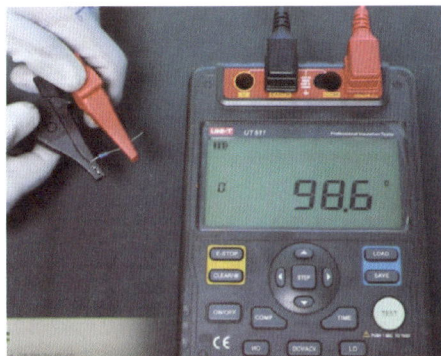

图 2-59　读取测量值

☆ 友情提示

①由于绝缘电阻测试仪是高压表,是用于测量高压电路的,因此在使用时一定要穿戴好防护套装。

②绝缘电阻测试仪接地端必须可靠接地。

项目三 | 纯电动汽车车身维护与保养

【任务描述】

小张为某汽车 4S 店维修工,今天有一辆纯电动汽车进店做保养,小张要对其车身进行维护与保养。

你知道纯电动汽车车身维护的内容有哪些吗?

【知识目标】

1.能够正确描述纯电动汽车车身各部件的名称和作用;
2.能够正确描述纯电动汽车车身电气的名称和作用。

【技能目标】

1.能够快速找到车身部件及车身电气的安装位置;
2.能够规范对纯电动汽车车身系统进行维护保养作业。

【思政目标】

1.培养学生的安全意识和环保意识;
2.培养学生分析问题和解决问题的能力;
3.树立学生技能报国的人生理想;
4.培养学生在工作过程中形成"7S"的工作态度。

【理论知识】

一、纯电动汽车车身

(一)车身组成

汽车车身主要由面板和骨架组成,其基本结构包括车身壳体、车身钣金件、车身内外装饰件、车门车窗总成、车身附件电气总成、座椅以及其他一些装置,如图 3-1 所示。

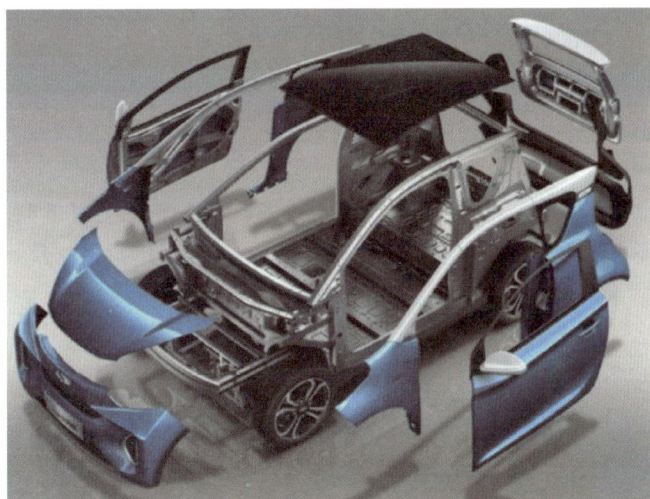

图 3-1　车身结构

(二)车身分类

按照车身骨架的不同,可以将车身分为承载式车身和非承载式车身两大类。

1.承载式车身

承载式车身也称整体式车身,它没有独立的车架,动力总成、前后悬架、传动系统等部件都装配在车身上,全部车辆载荷由车身承受,如图 3-2 所示。

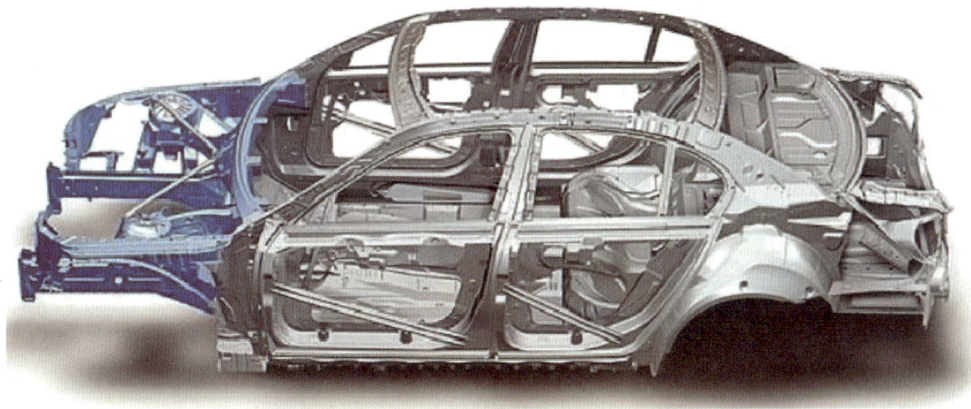

图 3-2　承载式车身

2.非承载式车身

非承载式车身的下面有车架,车身与车架非刚性连接。动力总成、传动系统和车身等总成部件都固定在车架上,由车架承受车辆的全部载荷,如图 3-3 所示。

图 3-3　非承载式车身

二、纯电动汽车车身电气

（一）电动汽车车身电气的组成

电动汽车车身电气由 4 个部分组成:低压电源、低压用电设备、电子控制系统和配电系统。

图 3-4　低压蓄电池

1.低压电源

低压电源即 12 V 蓄电池,它是将化学能直接转化成电能的一种装置,是按可再充电设计的电池,通过可逆的化学反应实现再充电。低压电源的电池通常是铅酸蓄电池,它是电池中的一种,属于二次电池。它的工作原理:充电时利用外部的电能使内部活性物质再生,把电能储存为化学能,需要放电时再次把化学能转换为电能输出。低压电源为车身电气设备提供 12 V 的电能,如图 3-4 所示。

2.低压用电设备

低压用电设备包括灯光系统、车窗车门系统、座椅及安全带系统和风窗玻璃清洗系统等,如图 3-5 所示。

（1）灯光系统(含汽车仪表)

汽车灯光系统是汽车安全行驶,特别是夜间行驶的必备系统之一,具体见表 3-1。

表 3-1　灯光系统

种类	外照明灯			内照明灯			外信号灯					内信号灯			
	前照灯	雾灯	牌照灯	顶灯	仪表灯	行李箱灯	转向灯	示宽灯	停车灯	制动灯	倒车灯	转向指示灯	READY指示灯	充电指示灯	其他指示灯
工作时的特点	白色常亮(远、近光变化)	黄色或橙色单色常亮	白色常亮	白色常亮	白色常亮	白色常亮	琥珀色交替闪亮	白色或黄色常亮	白色或红色常亮	红色常亮	白色常亮	绿色闪亮	绿色常亮	黄色常亮	—
用途	为驾驶员安全行车提供保障	雨、雪、雾天保证有效照明及提供信号	用于照亮汽车尾部牌照	用于夜间车内照明	用于夜间观察仪表时的照明	用于夜间拿取行李物品时的照明	告知路人或其他车辆即将转弯	标志汽车宽度轮廓	表明汽车已经停车	表示已减速或即将停车	告知路人或其他车辆即将倒车	提示驾驶员车辆的行驶方向	表示上电正常	表示需要充电	提示驾驶员车辆的状态

图 3-5　低压用电设备

（2）车窗车门系统

●车窗

汽车的电动车窗主要由车窗玻璃、车窗玻璃升降器、电动机和控制开关等组成。汽车的电动车窗取代了传统的转动摇臂升降玻璃,使车窗的升降更加方便。车窗通常可以分为前后车窗、通风窗、隔热窗和遮阳顶窗 4 种,部分车窗如图 3-6 所示。

图 3-6　汽车车窗

• 车门

车门一般由门体、车门附件和内饰盖板 3 部分组成,如图 3-7 所示。

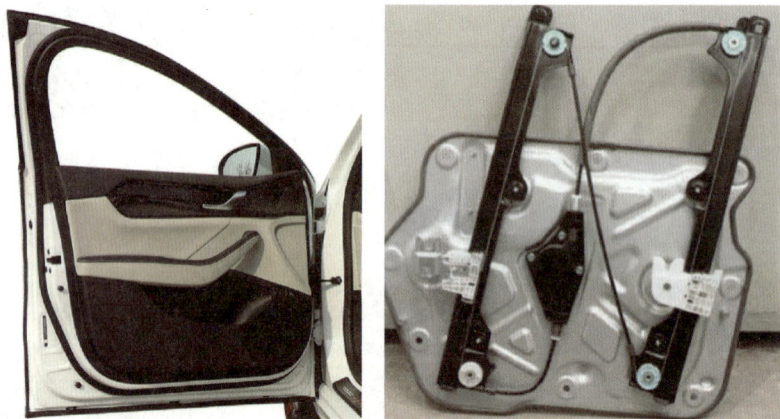

图 3-7　汽车车门

• 座椅及安全带系统

汽车座椅根据其使用性能,从最早的固定式座椅,一直发展到现在的多功能电动调节座椅,为乘坐人员提供安全可靠、舒适合理的乘坐环境,如图 3-8 所示。

• 风窗玻璃清洗系统

风窗玻璃清洗系统主要由刮水器、洗涤液(俗称玻璃水)和控制开关组成。刮水器由刮水电机、传动机构、控制机构和刮水片组件组成,如图 3-9 所示。

风窗玻璃清洗系统的作用是刮除风窗玻璃上的雨水、雪或灰尘,确保驾驶人有良好的视线,以达到保证行车安全的目的。

刮水器:刮水器电动机电枢轴端的蜗杆驱动装在连杆上的蜗轮,蜗轮转动带动连杆往复运动,从而带动刮水片左右摆动。刮水器的蜗轮蜗杆机构有降低速度、增大转矩的作用。因为驱动橡胶刮水片在风窗表面摩擦需要很大的动力,风雨较大时更是如此,所以电动刮水器设计有高、低两挡工作速度。

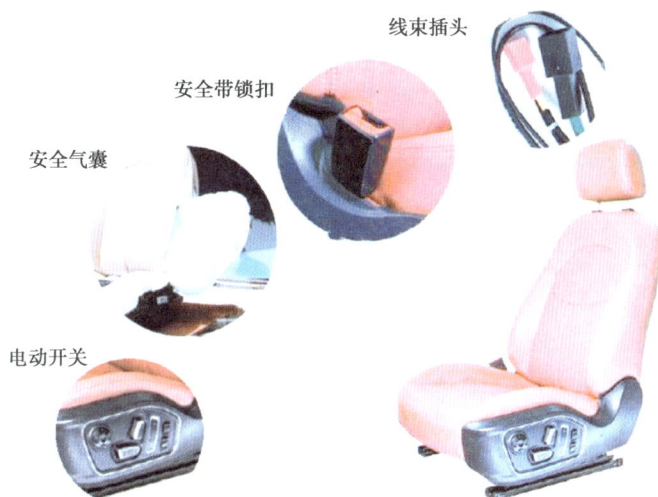

图 3-8　汽车座椅

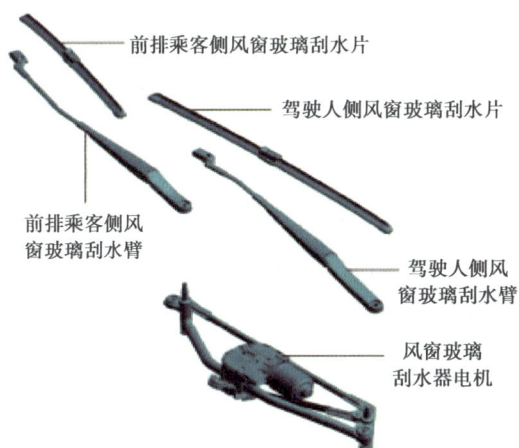

图 3-9　刮水器

图 3-10　玻璃水

洗涤液：俗称玻璃水，主要由水、乙醇、乙二醇、缓蚀剂及多种表面活性剂组成，如图 3-10 所示。

玻璃水具有以下功能。

①清洗功能。玻璃水中表面活性剂可通过润湿、渗透和增溶等作用，达到清洗去污的目的。夏季常用的玻璃水里还增加了除虫胶成分，可以快速清除撞在风窗玻璃上的飞虫残留物。

②防冻功能。玻璃水中的乙醇、乙二醇能显著降低冰点，很快融化冰霜，可防止喷嘴、储液罐和连接软管冻结。一般要求玻璃水保证在最低约−25 ℃（某些气候恶劣的国家和地区约−35 ℃）时不会冻结。

③防雾功能。玻璃水中的表面活性剂在玻璃表面会形成一层单分子保护层,这层保护膜能防止形成雾滴,保证风窗玻璃清澈透明,视野清晰。

④抗静电功能。玻璃水中的表面活性剂可以中和电荷,增强玻璃表面的导电作用,消除玻璃表面的电荷,防止静电吸附。

⑤润滑功能。玻璃水中含有乙二醇,它的黏度较大,可以起润滑作用,减少刮水器与玻璃之间的摩擦,防止划痕产生。

⑥防腐蚀功能。玻璃水中含有多种缓蚀剂,不含金属离子,对汽车面漆、橡胶和各种金属没有任何腐蚀作用。

3.电子控制系统

电子控制系统是由微机控制的各个系统组成,主要是低压 12 V 供电的控制模块,为汽车驾驶的安全性进一步提供可靠保障,如 VCU、ABS、BCM、EPS、BMS、自动座椅、安全气囊、定速巡航系统等,如图 3-11 所示。

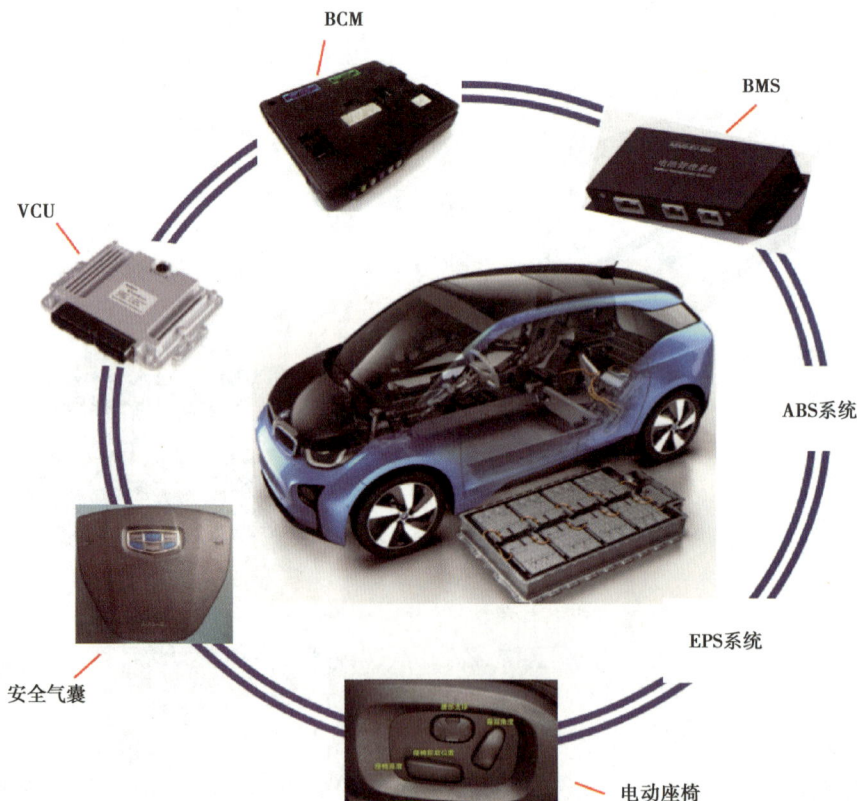

图 3-11　电子控制系统

4.配电系统

配电系统包括中央接线盒、熔丝盒、开关、继电器、插接器和导线等,它为汽车电气安全运行、操作和维修提供方便,如图 3-12 所示。

驾驶室低压线束　　　　　　　　　　　　　　前机舱低压线束

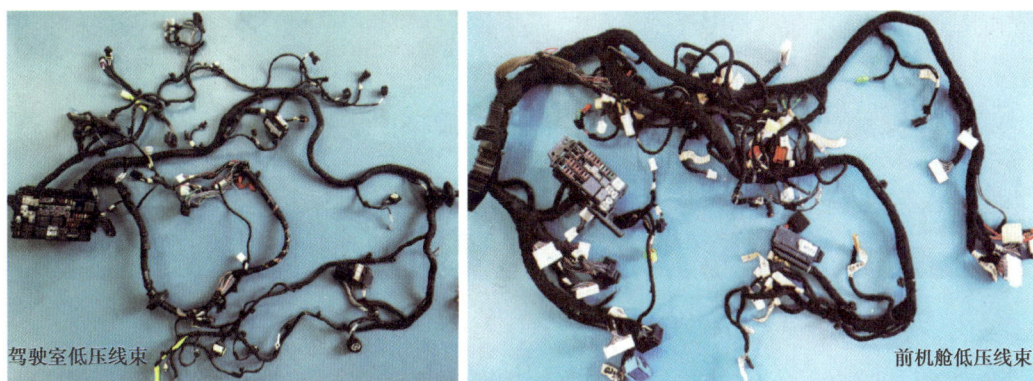

图 3-12　配电系统

(二)电动汽车车身电气的特点

①目前汽车车身电气工作大多数采用直流电驱动。

②汽车低压用电设备的额定电压有 12 V、24 V 两种,乘用电动汽车普遍采用 12 V 直流电源。

③负极搭铁。将 12 V 蓄电池的负极接到车架上,称为"负极搭铁"。负极搭铁充分利用了车身金属的导电特性。

④单线制电源。用电设备只用一根导线连接,节省导线、线路清晰、安装检修方便,用电设备不需与车体绝缘。

【实践技能】

任务一　车身的基本检查维护

①把车辆水平放置在纯电动汽车维修标准工位上。

②安装车轮挡块。

③检查并记录车辆的车辆型号、车辆识别码、电机型号、电池容量、工作电压、里程表读数等信息,如图 3-13 所示。

④检查前保险杠、翼子板、车门、车顶等车身表面是否有凹陷、凸起、划痕等现象,如果有则需要记录并标记,如图 3-14 所示。

⑤检查后保险杠、翼子板、车门等车身表面是否有凹陷、凸起、划痕等现象,如果有则需要记录并标记,如图 3-15 所示。

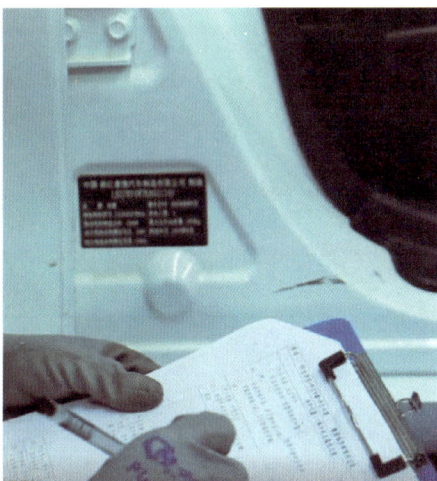

车身的基
本检查

图 3-13　检查并记录车辆信息

图 3-14　检查车身前部

图 3-15　检查车身后部

⑥恢复工位整洁。

任务二　灯光系统的检查维护

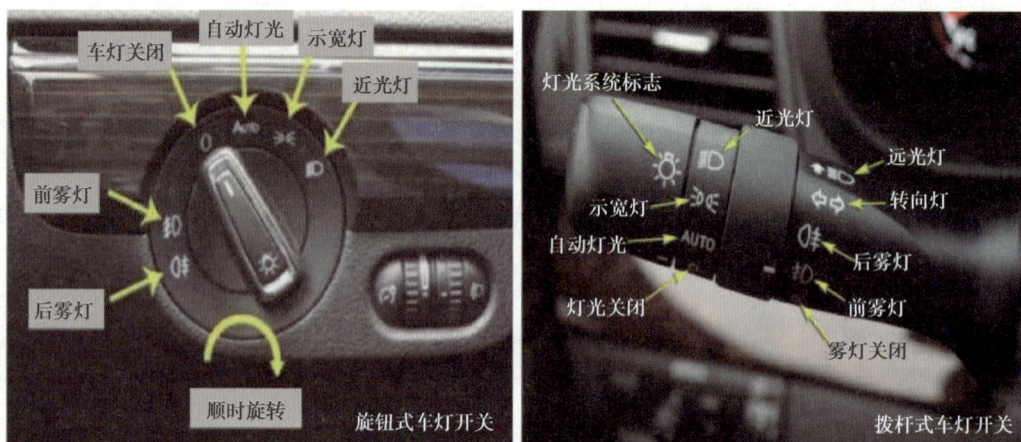

1.检查组合开关

检查组合开关工作是否正常,组合开关如图 3-16 所示。

灯光系统
的检查

车灯关闭　自动灯光　示宽灯
近光灯
前雾灯
后雾灯
顺时旋转　旋钮式车灯开关

灯光系统标志　近光灯
远光灯
示宽灯　转向灯
自动灯光　后雾灯
灯光关闭　前雾灯
雾灯关闭　拨杆式车灯开关

图 3-16　检查组合开关

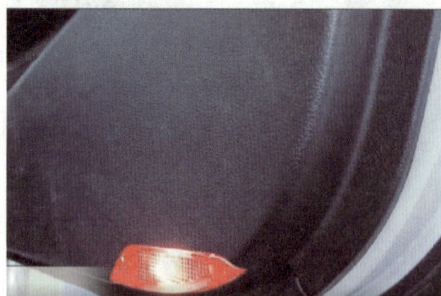

图 3-17　检查车门灯

2.检查车内灯光

①检查车门灯工作是否正常,如图 3-17 所示。

②检查仪表灯工作是否正常,是否有故障灯点亮,如图 3-18 所示。

③检查顶灯工作是否正常,如图 3-19 所示。

④检查前储物灯工作是否正常,如图 3-20 所示。

⑤检查后储物灯工作是否正常,如图 3-21 所示。

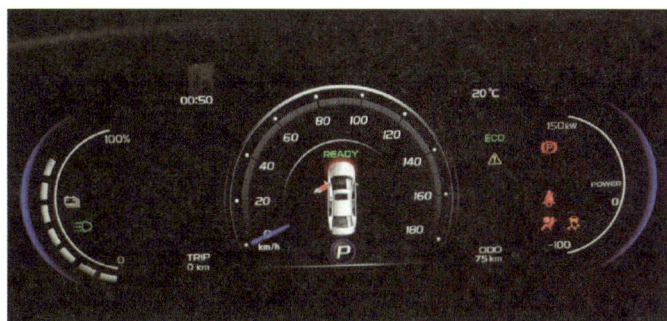

图 3-18　检查仪表灯

图 3-19　检查顶灯

图 3-20　检查前储物灯

图 3-21　检查后储物灯

3.检查车外灯光

①打开点火开关至"ON"挡。

②检查日间行车灯工作是否正常,如图 3-22 所示。

③检查近光灯工作是否正常,如图 3-23 所示。

图 3-22　检查日间行车灯

图 3-23　检查近光灯

④检查远光灯工作是否正常,如图 3-24 所示。

⑤检查左转向灯工作是否正常,如图 3-25 所示。

图 3-24　检查远光灯

图 3-25　检查左转向灯

⑥检查右转向灯工作是否正常,如图 3-26 所示。

⑦检查超车灯工作是否正常。

⑧检查雾灯工作是否正常,如图 3-27 所示。

图 3-26　检查右转向灯

图 3-27　检查雾灯

⑨检查制动灯工作是否正常,如图 3-28 所示。

⑩检查牌照灯工作是否正常,如图 3-29 所示。

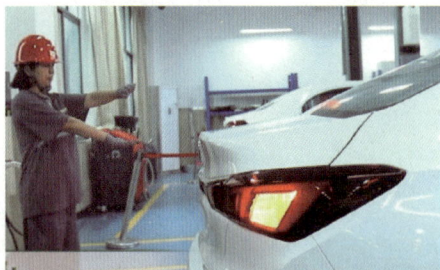

图 3-28　检查制动灯

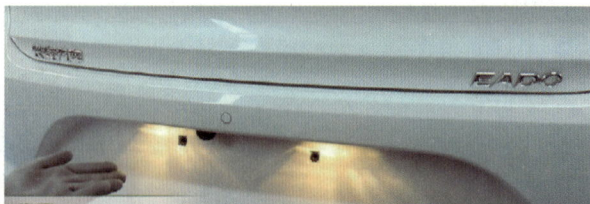

图 3-29　检查牌照灯

⑪检查危险警示灯工作是否正常。

任务三　车身低压电气设备的检查与维护

1.检测 12 V 蓄电池

①打开机舱盖,用吹枪或酒精棉清洁蓄电池外表的灰尘及泥水等,如图 3-30

低压蓄电
池检查

所示。

②检查蓄电池外观是否存在裂纹、渗漏和鼓包等现象,如图 3-31 所示。

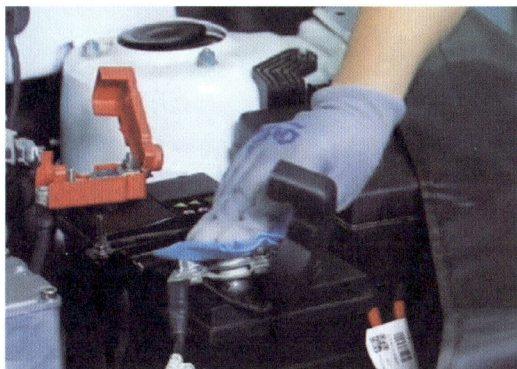

图 3-30　清洁蓄电池外表

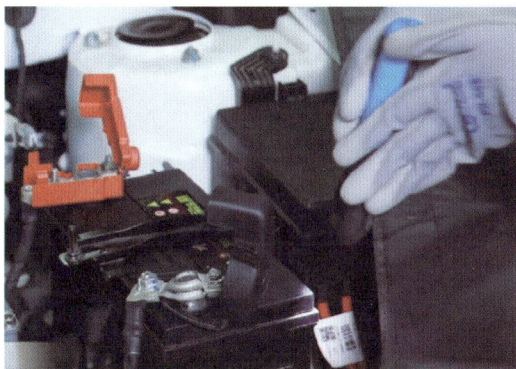

图 3-31　检查蓄电池外观

注意:如果存在裂纹、渗漏、鼓包现象则需要更换蓄电池。

③检查蓄电池安装架螺栓是否松脱,如果松脱则需要紧固,如图 3-32 所示。

④紧固极桩与导线卡箍的连接螺栓到标准力矩。

⑤确认点火开关处于"OFF"挡位。

⑥对万用表进行校表。

⑦将万用表调到直流电压挡,红表笔接触蓄电池"+"极,黑表笔接触蓄电池"-"极,对蓄电池进行静态电压测量,如图 3-33 所示。

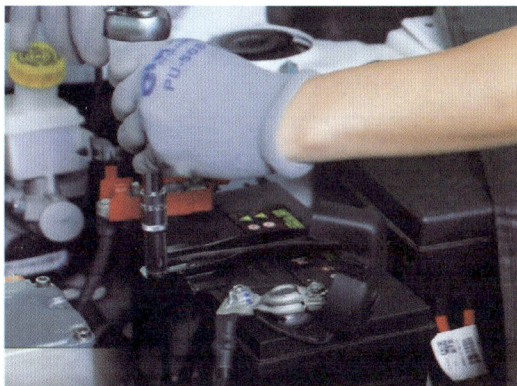

图 3-32　检查安装架螺栓

图 3-33　测量静态电压

⑧读取万用表的数值,看是否满足要求。

注意:蓄电池的静态电压值应该在 12 V 之上,如果电压过低则需要对蓄电池进行人工充电。

⑨打开点火开关至"ON"挡。

⑩用万用表重新测量蓄电池的电压,此电压为蓄电池的动态电压,动态电压值应该在 14 V 左右。

⑪关闭电源开关。

⑫恢复工位,检查完毕。

2.检查并维护车门、车窗

①检查车门外观是否变形,车门轴承、开关工作是否正常,有无异响等。

②检查车窗开关、电动后视镜调节开关工作是否正常。

③检查各门窗玻璃升降器工作有无异响、卡滞。

④检查左、右外后视镜各方向调节功能是否正常。

⑤检查后视镜折叠功能、除霜功能是否正常。

⑥开启电动天窗,检查电动天窗的运行情况;清洁电动天窗的导轨,并用专用的润滑剂润滑导轨。

3.检查并维护玻璃清洗系统

①检查刮水器工作是否有异响、变形等。

②检查刮水片工作是否正常、是否变形。

③检查刮水电机挡位是否工作正常。

④检查玻璃水的颜色、液位是否正常。

⑤检查玻璃水的冰点是否正常。

任务四 安全气囊及安全带的检查与维护

安全气囊及安全带系统的检查

1.检查安全气囊

①检查仪表盘的安全气囊灯是否点亮,如图 3-34 所示。

②检查安全气囊外壳表面是否有损坏情况。

③检查安全气囊外壳标示字母"AIRBAG"是否正常,如图 3-35 所示。

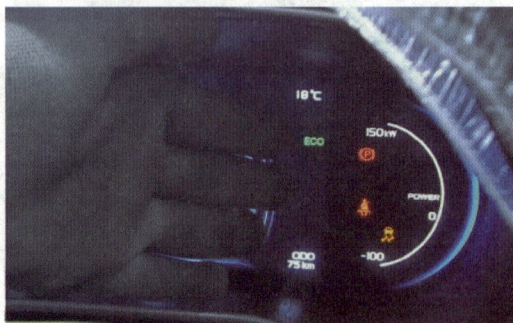

图 3-34 检查安全气囊灯

图 3-35 检查外壳标示字母

④检查安全气囊壳体固定情况是否正常。

2.检查安全带

①检查安全带是否脏污,如图 3-36 所示,必要时可用中性肥皂液清洗。

②检查安全带自动回卷装置,确保其锁止功能正常。如果在安全带拉出或回卷时发生故障,或在制动过程中安全带没有被锁止,证明锁止功能失效,必须更换安全带回卷装置。

③检查安全带锁。将锁舌推入安全带锁扣中,用力拉动安全带检测锁止机构是否卡入。在检测过程中,即便锁舌只有一次未被锁止,也必须更换整个安全带和安全锁,如图 3-37 所示。

图 3-36 检查脏污情况

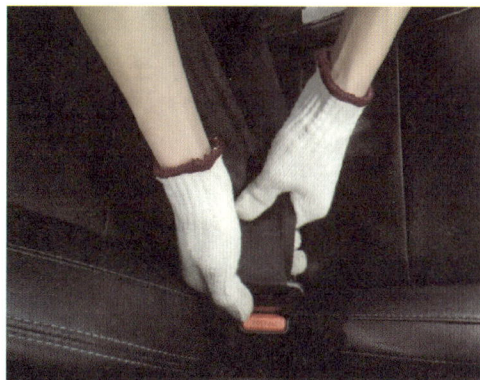

图 3-37 检查安全带锁

项目四 | 纯电动汽车电池和充电系统维护与保养

【任务描述】

小张是某新能源汽车 4S 店的维修师傅，今天他接待了一位车主，车主要进行纯电动汽车动力电池的维保作业。

你知道纯电动汽车动力电池的维护内容有哪些吗？对动力电池进行维护时有什么注意事项吗？

【知识目标】

1. 能够说出纯电动汽车动力电池的组成及作用；
2. 能够说出纯电动汽车充电系统的组成及作用。

【技能目标】

1. 能够快速找到动力电池各个零部件的安装位置；
2. 能够正确使用动力电池维护所需要的工具；
3. 能对动力电池进行维护保养作业；
4. 能对电动汽车充电系统进行维护保养作业。

【思政目标】

1. 培养学生具有分析问题和解决问题的能力；
2. 培养学生强国有我的人生理想；
3. 培养学生的安全意识和质量意识。

【理论知识】

一、动力电池

在纯电动汽车中为车辆提供动力源的电池，称为动力电池，它是电动汽车的核心部件，也是纯电动汽车上价格最高的部件之一。它取代了传统燃油汽车的内燃机，相当于纯电动汽车的"心脏",为整车提供持续稳定的能量,驱动车辆行驶。动力电池的作用是接收和储存由车载充电机、发电机、制动能量回收装置或外置充电装置提供的高压直流电,并且为电动汽车提供高压直流电。

以吉利帝豪 EV450 为例,动力电池主要由单体电池、电池模组、电池冷却系统、CSC 采集系统、BMU 控制单元、电池高压分配单元(B-BOX)等组成。目前电动汽车的动力电池用得最多的是三元锂电池和磷酸铁锂电池,主要安装在车体下部,如图 4-1 所示。动力电池的成本较高,一般约占汽车成本的 20%~60%。

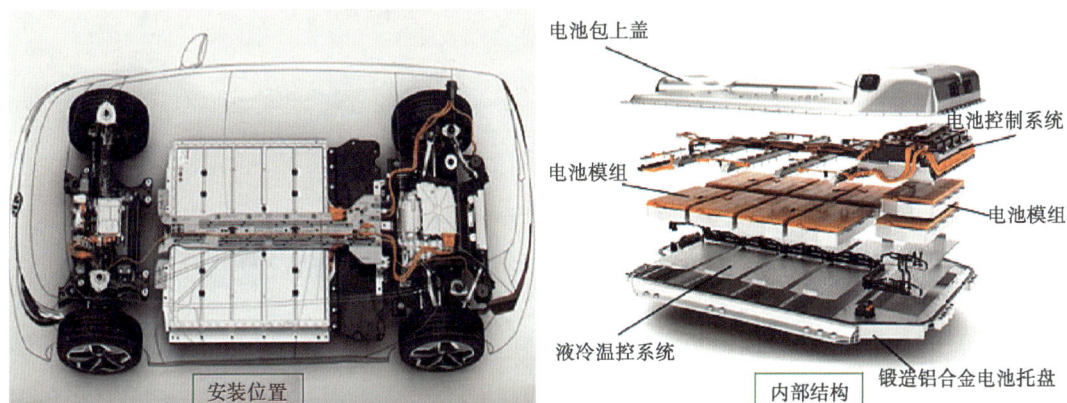

图 4-1 动力电池结构

1.单体电池

单体电池是直接将化学能转化为电能的基本单元装置,主要由正负极活性物质、隔膜、电解液、外壳和极柱等组成,并被设计成可充电,如图 4-2所示。

2.电池模组

电池模组是将一个以上电池单体按照串联、并联或串并联方式组合,且只有一对正、负极输出端子,并作为电源使用的组合体。电池模组为电动汽车提供能量,一般电动汽车的动力电池由多个模组组成,如图 4-3 所示。

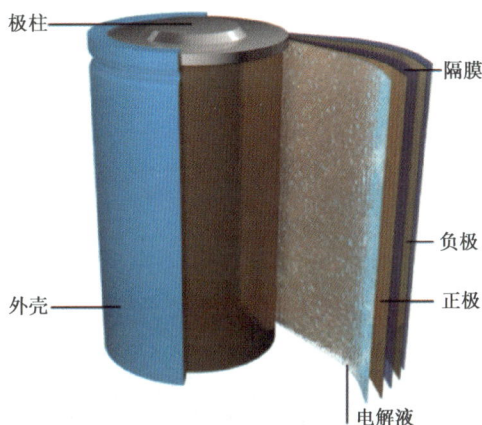

图 4-2 单体电池

3.电池冷却系统

电池冷却系统可以冷却或加热动力电池,是让动力电池模组处在一个适宜的工作温度,如图 4-4 所示。

4.CSC 采集系统

每一个电池模组都有多个 CSC 采集系统,用来实时监测其中每个电池单体或电池组单体电压、温度等信息。CSC 采集系统将相关信息上报电池控制单元(BMU),并根据 BMU 的指令执行单体电压均衡,如图 4-5 所示。

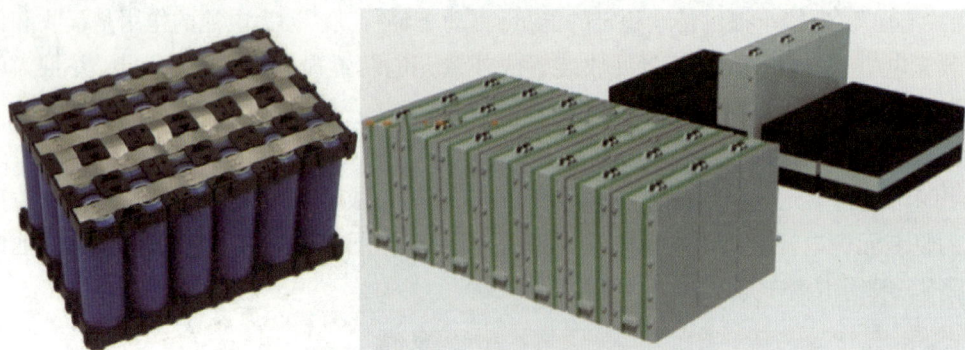

图 4-3 电池模组

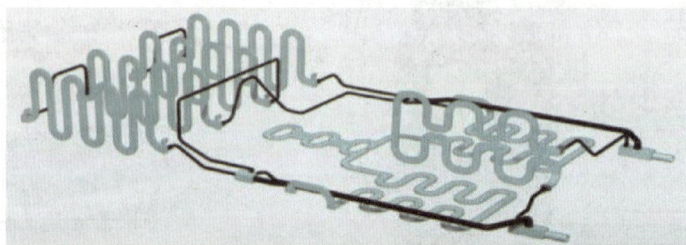

图 4-4 电池冷却系统

各传感器插头　　　　采集低压线束　　　　模块线束插头

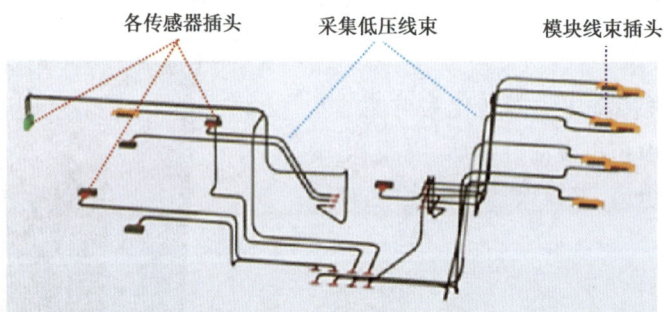

图 4-5 电池采集系统

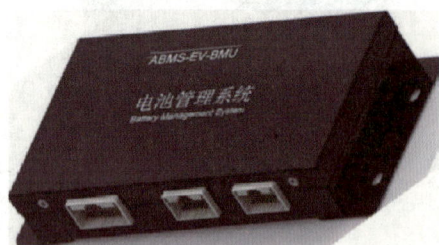

图 4-6 BMU 控制单元

5.BMU 控制单元

BMU 控制单元安装于动力电池总成内部,是电池管理系统核心部件。控制单元(BMU)将电池单体电压、电流、温度及整车高压绝缘等信息上报整车控制器(VCU),并根据 VCU 的指令完成对动力电池的控制,将信号显示在仪表盘上,如图 4-6 所示。

其中,CSC 采集系统和 BMU 控制单元共同构成电池控制模块。

6.高压连接片

高压连接片相当于连接导线,是将各个电池模组串联起来,形成高压的动力电池组,一般是由铜或者铝合金制成,如图4-7所示。

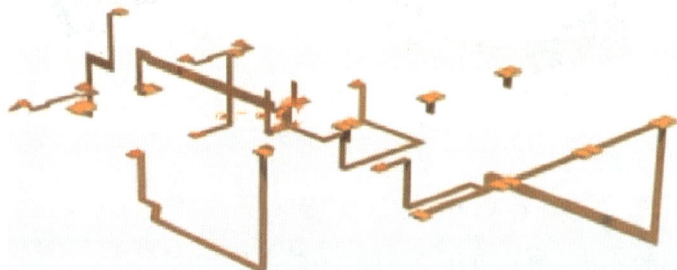

图4-7 高压连接片

7.防火隔热棉

防火隔热棉安装在电池模组之间,是将各个模组隔开,防止电池组间由于温度过高而发生安全事故,如图4-8所示。

8.高压分配单元(B-BOX)

高压分配单元也叫高压控制盒,它安装在动力电池总成的正、负极输出端,由高压主正极继电器、高压主负极继电器、预充继电器、电流传感器和预充电阻等组成,主要是靠VCU和BMS的控制来实现继电器的断开和闭合,从而实现动力电池的充电或放电,如图4-9所示。

图4-8 隔热棉

图4-9 高压控制盒

9.直流母线

直流母线一端连接动力电池,另外一端连接车载充电机(高压分线盒),是动力电池往外输出电量的高压线,主要由正极高压线、负极高压线、屏蔽线(或等电位线)和绝缘层等组成。直流母线位于前副车架上部,在高压零部件检查和维护前,要先断开12 V蓄电池电缆,等待5 min后,拔下直流母线连接充电机端插件,断开直流母线可以确保切断高压,如图4-10所示。

图 4-10　直流母线

二、充电系统

动力电池电能的补充一般有两种,如图 4-11 所示。

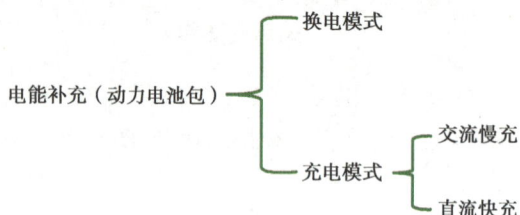

图 4-11　电能补充

充电系统根据充电模式的不同又可以分为交流充电和直流充电,目前用得最多的是交流充电,充电模式如图 4-12 所示。

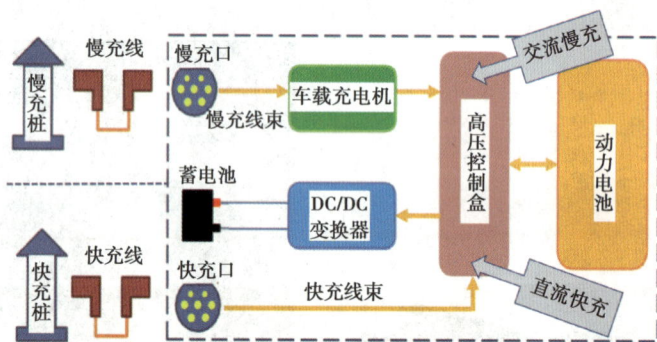

图 4-12　充电模式

(一)交流充电

交流充电又称慢充,主要由交流充电口(带高压线束)、交流充电插头、车载充电机(如配备)、动力电池等组成,如图 4-13 所示。

交流充电系统一般使用 220 V 交流电,通过整流变换,将交流电变成直流电给动力电池充电,变换后的电压要高于动力电池的额定电压。

以吉利帝豪 EV450 为例,当车辆处于交流充电模式下,车载充电机检测交流充电接口的CC、CP 信号(充电枪插入信号、导通信号)并唤醒 BMS,BMS 唤醒车载充电机并发送指令充电,同时闭合主继电器,动力电池开始充电,充电时间一般在 13 h 左右可充满。交流充电系统传递路线如图 4-14 所示。

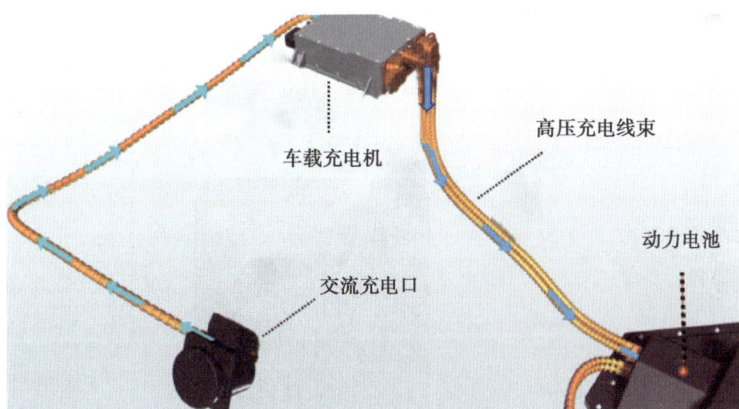

图 4-13　交流充电组成

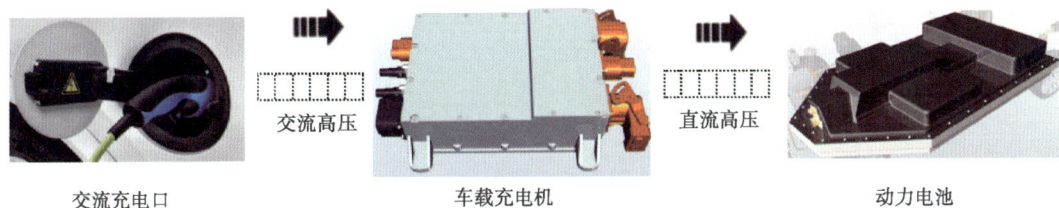

图 4-14　交流充电传递路线

1. 车载充电机

车载充电机作为交流充电（慢充）的核心部件，其作用：判断动力电池连接是否正确；获取动力电池系统参数、充电前和充电过程中整组和单体电池的实时数据；接受启动充电和停止充电的控制命令等；完成从动力电池过来的高压电的分配功能。具体结构如图 4-15 所示。

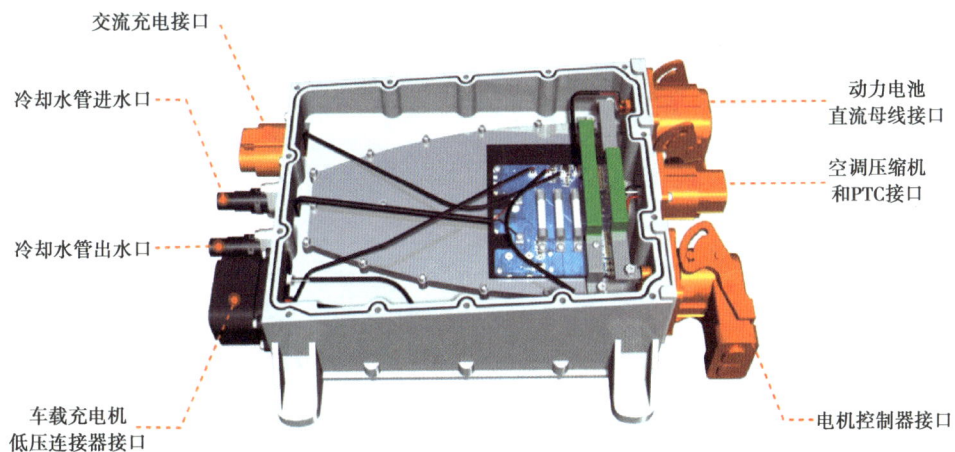

图 4-15　车载充电机

2.交流充电插头

交流充电插头是连接外部交流电的部件,主要由充电枪插头和车身插座等组成,其结构如图4-16所示。

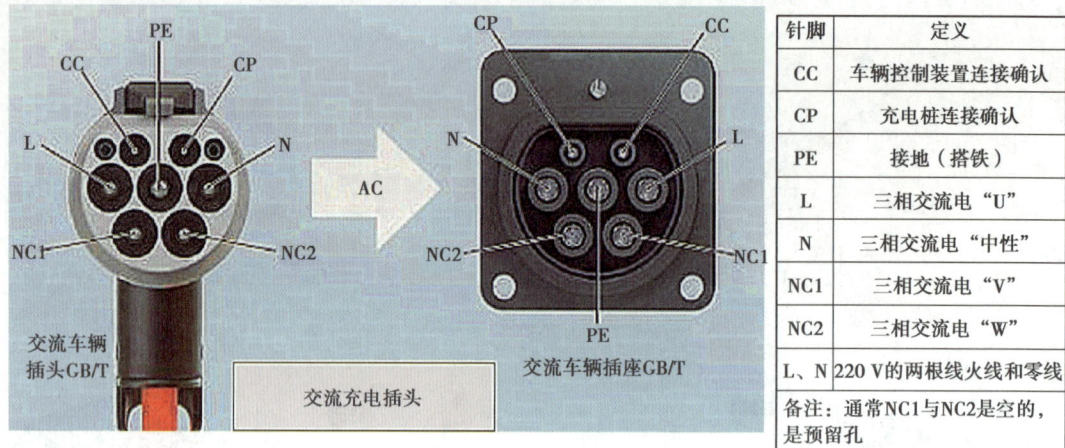

针脚	定义
CC	车辆控制装置连接确认
CP	充电桩连接确认
PE	接地(搭铁)
L	三相交流电"U"
N	三相交流电"中性"
NC1	三相交流电"V"
NC2	三相交流电"W"
L、N 220 V的两根线火线和零线	
备注:通常NC1与NC2是空的,是预留孔	

图4-16 交流充电插头

(二)直流充电

直流充电又称快充,主要由直流充电口(带高压线束)、动力电池等组成。

以吉利帝豪EV450为例,当直流充电插枪连接到整车直流充电口后,充电设备发送充电唤醒信号给BMS,BMS根据动力电池的可充电功率,向直流充电设备发送充电指令。同时,BMS控制高压正极继电器和高压负极继电器吸合,动力电池开始充电。一般充电1个小时左右可使纯电动汽车电量达80%以上。直流充电系统的传递路线如图4-17所示。

直流高压

直流充电口　　　　　动力电池

图4-17 直流充电传递路线

● 直流充电插头

直流充电插头是连接外部直流电的部件,直流电主要靠直流充电桩来实现交流变直流的转换,主要由充电枪插头和车身插座等组成,其结构如图4-18所示。

需要注意的是,交流充电口安装在车上左前翼子板上,直流充电口安装在车身左侧。充电时,应根据选择的充电类型,连接交流充电插头或者直流充电插头到相应的充电插座,连接正确后才能开始充电。充电口连接后形成检测回路,当出现连接故障时,系统可以检测该故障。

针脚	定义
S+	充电通信线路"正"
S−	充电通信线路"负"
CC1	桩端连接确认
CC2	车端连接确认
DC+	高压直流"正"
DC−	高压直流"负"
A+	低压辅助电源"正"
A−	低压辅助电源"负"
PE	接地

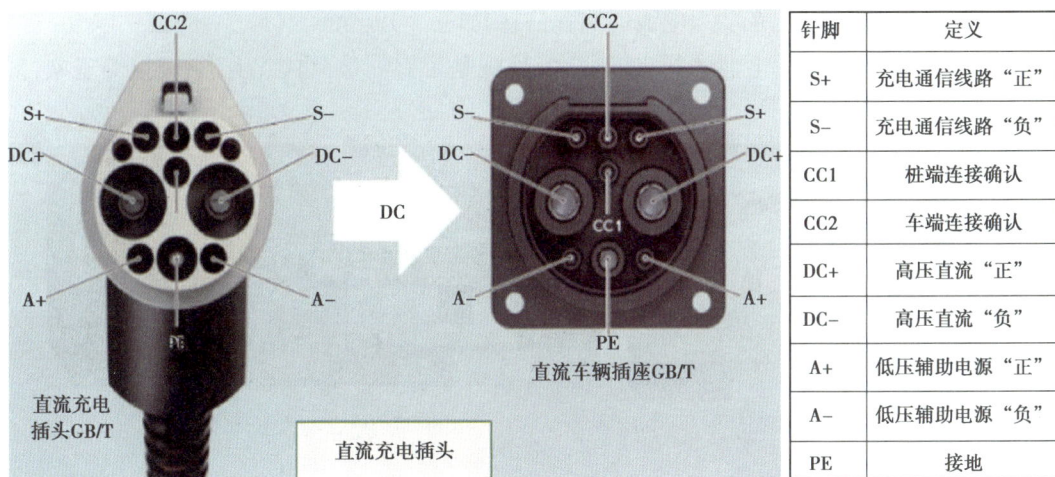

图 4-18　直流充电插头

(三)充电指示灯

充电指示灯位于车辆充电接口上方,用于指示不同的充电状态。充电指示灯由 BMS 信号提供给 BCM,BCM 控制指示灯状态驱动充电指示灯工作,显示充电状态。充电指示灯状态显示定义见表 4-1。

表 4-1　充电指示灯状态

颜色	状态	说明
白色	常亮 2 分钟	充电照明
黄色	常亮 2 分钟	充电加热
绿色	闪烁 2 分钟	充电过程
蓝色	常亮 2 分钟	预约充电
绿色	常亮 2 分钟	充电完成
红色	常亮 2 分钟	充电故障
蓝色	闪烁 2 分钟	放电过程

【实践技能】

任务一　纯电动汽车动力电池的基本检查

1.检查动力电池外观

①标准断电。

②打开举升机电源开关,举升车辆到合适的位置;锁死举升机,关闭举升机电源。

纯电动汽车
动力电池的
基本检查

53

③用探照灯检查并记录动力电池的铭牌信息,如图4-19所示。

④用探照灯检查动力电池的托盘、箱体等外观是否有划痕/腐蚀/变形/破损等现象,如图4-20所示。

图4-19　检查铭牌信息

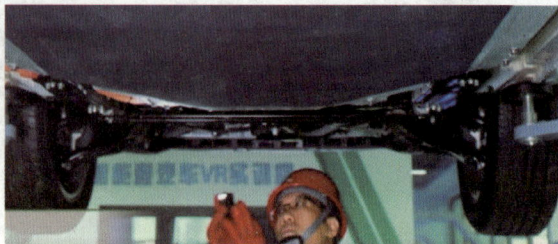

图4-20　检查动力电池外观

⑤用探照灯检查高、低压连接器公插与母插的清洁度/腐蚀/破损及连接可靠性,如图4-21所示。

⑥用探照灯检查电池箱体(含尾部挂梁)与车辆底盘固定螺柱的腐蚀/破损等现象。

⑦用探照灯检查电池箱体与车辆底盘固定螺柱的漆标是否移位,并用扭力扳手调整到规定力矩进行加固,如图4-22所示。

图4-21　检查高、低压连接器

图4-22　检查固定螺柱的漆标

注意:进行扭力加固时一定要对称交叉进行。

⑧动力电池外观检查完毕。

2.检测动力电池绝缘性(以吉利EV450为例)

①正确打开并断开动力电池高压线束连接器BV16。

②用万用表检测动力电池侧BV16端子1与端子2之间的电压应该不大于5 V。

注意:端子1与端子2距离较近,严禁万用表针头短接和触碰任何非目标测量金属部件,并佩戴绝缘手套。

③检测动力电池供电绝缘阻值。

a.将绝缘电阻检测仪的挡位调至1 000 V。

b.用绝缘电阻检测仪测量动力电池侧连接器BV16的1号端子与车身接地之间的电阻。标准电阻应为大于或等于20 MΩ,如图4-23所示。

c.用绝缘电阻检测仪测量动力电池侧连接器 BV16 的 2 号端子与车身接地之间的电阻。标准电阻应为大于或等于 20 MΩ，如图 4-24 所示。

d.确认测量值是否符合标准，如果绝缘阻值良好则说明无故障，否则需要维修或更换线束。

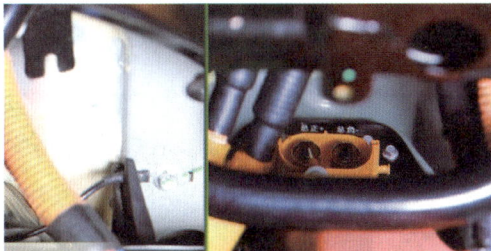

图 4-23　检测 BV16 的 1 号端子与
车身接地之间的电阻值

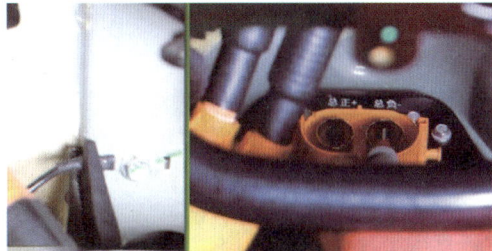

图 4-24　检测 BV16 的 2 号端子与
车身接地之间的电阻值

④检测动力电池充电电路的绝缘阻值。

a.拆卸动力电池高压线线束连接器 BV23。

b.将高压绝缘检测仪的挡位调至 1 000 V。

c.用高压绝缘检测仪测量动力电池高压线线束连接器 BV23 的 1 号端子与车身接地之间的电阻。标准电阻应大于或等于 20 MΩ，如图 4-25 所示。

d.用高压绝缘检测仪测量动力电池高压线线束连接器 BV23 的 2 号端子与车身接地之间的电阻。标准电阻应大于或等于 20 MΩ，如图 4-26 所示。

图 4-25　检测 BV23 的 1 号端子与
车身接地之间的电阻值

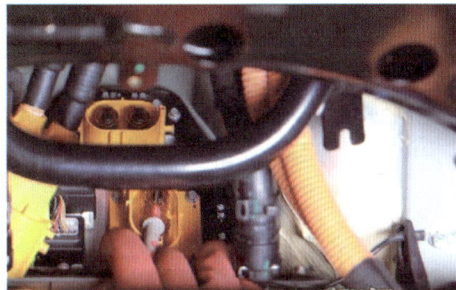

图 4-26　检测 BV23 的 2 号端子与
车身接地之间的电阻值

e.确认测量值是否符合标准，如果绝缘阻值良好则说明无故障，否则需要维修或更换线束。

注意：在使用绝缘表进行检测时一定要佩戴绝缘手套，同时严禁表针头短接和触碰任何非目标测量金属部件。

任务二　动力电池总成的拆装与维护

1.拆卸动力电池

①排放冷却液，如图 4-27 所示。

动力电池
的拆装

a.断开动力电池出水管与水泵(电池)的连接。

b.断开动力电池进水管与电池膨胀壶的连接。

c.用回收容器接起排放出的冷却液直至排放彻底。

注意:在排放时如果有冷却液溅出,要及时地清理。

d.用堵头把两边的进出水管口用专用堵头堵起,防止有异物进入,如图4-28所示。

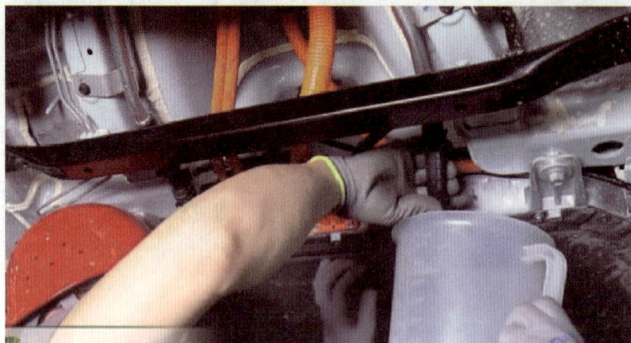

图4-27　排放冷却液

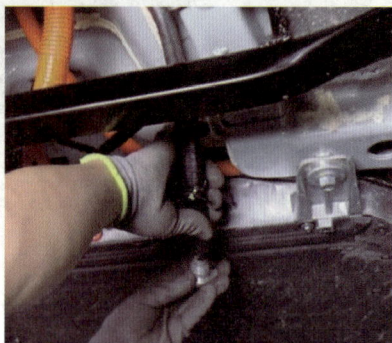

图4-28　堵上进出水管口

②断开动力电池处高、低压线束连接器插头。

③推入动力电池举升机。

④调整动力电池举升机的高度,使动力电池举升机平台能够均匀地支撑起动力电池总成,如图4-29所示。

⑤拆卸动力电池搭铁线固定螺栓。

⑥拆卸动力电池防撞梁的4个固定螺栓。

⑦拆卸动力电池总成后部的3个固定螺栓。

⑧拆卸动力电池总成前部的2个固定螺栓。

⑨拆卸动力电池总成左右各7个固定螺栓。

⑩缓慢下降平台车,取出动力电池总成。

注意:在动力电池下降过程中,平台车应缓慢向前移动,可以避免动力电池与后悬架的干涉。

⑪动力电池总成拆卸完毕。

2.安装动力电池

①缓慢推入装有动力电池总成的举升机。

②调整并举升电池举升机,使动力电池总成上的安装孔与车身对齐,如图4-30所示。

③安装并紧固动力电池总成后部的3个固定螺栓到标准力矩。

④安装并紧固动力电池总成前部的2个固定螺栓到标准力矩。

⑤安装并紧固动力电池总成左右各7个固定螺栓到标准力矩。

⑥安装动力电池搭铁线固定螺栓到标准力矩。

⑦推开电池举升机。

图 4-29 举升动力电池总成

图 4-30 举升动力电池

⑧依次连接动力电池与前机舱线束的高、低压线束连接器,如图 4-31 所示。

注意:插接时注意"一插、二响、三确认"。

⑨连接动力电池出水管与水泵(电池)。

⑩连接动力电池进水管与电池膨胀壶。

⑪打开举升机电源开关,降下举升机。

⑫连接高压母线插头,如图 4-32 所示。

图 4-31 连接线束

图 4-32 连接高压母线插头

⑬连接蓄电池负极电缆。

⑭打开电池膨胀壶,标准加注冷却液到合适位置,如图 4-33 所示。

⑮连接汽车故障诊断仪,读取动力电池数据信息,检查电池状态参数、SOC、温度、cell 电压是否正常,如图 4-34 所示。

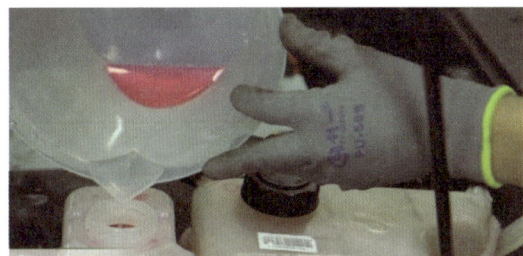

图 4-33 加注冷却液

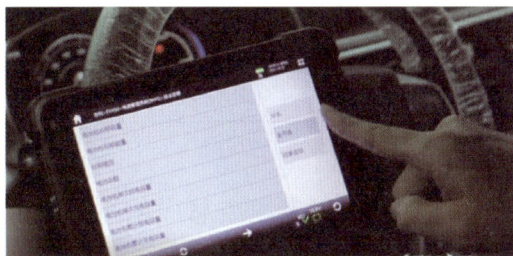

图 4-34 检测电池状态

⑯数据正常说明电池总成安装完毕。

注意：在对动力电池及充电系统进行维护时，部分作业需要带高压作业，因此要做好个人及车间防护工作，作业时还要注意规范性。

任务三　充电系统的维护与保养

1.检查充电灯光

按表4-2内容检查充电灯光系统。

充电系统
的基本检查

表4-2　充电灯光系统检查

名称	标记	颜色	状态	定义
电源指示灯	Power	绿色	亮	车载充电机接通交流电源
			不亮	车载充电机供电出现故障
充电指示灯	Charge	绿色	亮	车载充电机进入充电状态
			不亮	电池已充满或电池无充电请求
报警指示灯	Error	红色	亮	慢充系统出现故障

2.检查充电口及充电机

按表4-3内容检查充电口及充电机。

表4-3　充电口及充电机检查

序号	项目	方法	目的
1	充电口、车载充电机外	检查交直流充电口、车载充电机外观，查看是否有明显碰撞磕碰痕迹，外壳有无变形及破损，是否有异物	防止漏电
2	车载充电机连接线束	检查车载充电机各连接线束有无破损、裂缝，高低压连接是否牢固，有无松动	防止漏电，危害人身安全
3	车载充电机紧固螺栓	紧固螺栓有无锈蚀，紧固力矩是否足够	防止螺钉松动，造成故障
4	车载充电机冷却管路检测	检查车载充电机冷却管路是否老化、龟裂等，连接处是否出现液体泄漏及渗出	发现后及时更换
5	充电口、车载充电机的绝缘性能	检测车载充电机的外观、绝缘性能是否良好，需要用绝缘电阻表测量绝缘电阻；测量车载充电机中带电电路与外壳之间的绝缘电阻	确保无漏电故障

任务四　直流充电线束总成的拆装与维护

1.拆卸直流充电线束总成

①打开前机舱盖。

直流充电
线束的拆装

②断开蓄电池负极电缆。

③断开车载充电器处直流母线,如图 4-35 所示。

④举升车辆到合适位置。

⑤拆卸左后轮罩衬板,如图 4-36 所示。

图 4-35 断开直流母线

图 4-36 拆卸左后轮罩衬板

⑥拆卸直流充电插座,如图 4-37 所示。

⑦断开动力电池上的直流充电高压线束连接器。

⑧拆卸直流充电高压线束支架的 4 个固定螺栓,脱开直流充电高压线束支架。

⑨拆卸动力电池左防撞梁的 6 个螺栓,如图 4-38 所示。

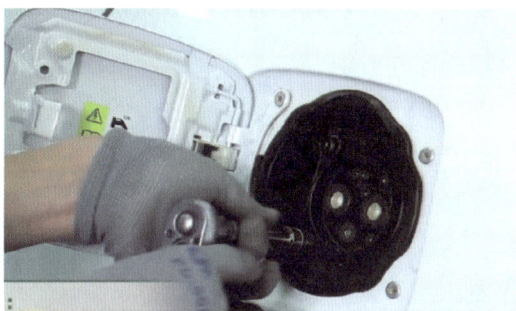

图 4-37 拆卸直流充电插座

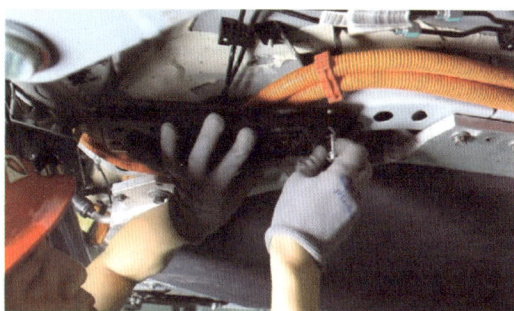

图 4-38 拆卸左防撞梁螺栓

⑩拆卸直流充电高压线束支架的 2 个固定螺栓,如图 4-39 所示。

⑪拆卸直流充电插座搭铁线束固定螺栓,脱开搭铁线束。

⑫依次脱开直流充电高压线束各个固定线卡,如图 4-40 所示。

⑬断开直流充电插座处低压线束连接器。

⑭拆卸直流充电插座的 4 个固定螺栓,取出直流充电线束总成。

2.安装直流充电线束总成

①正确放置直流充电插座总成,如图 4-41 所示。

②紧固直流充电插座总成的 4 个固定螺栓到标准力矩。

③紧固直流充电插座搭铁线束的固定螺栓到标准力矩。

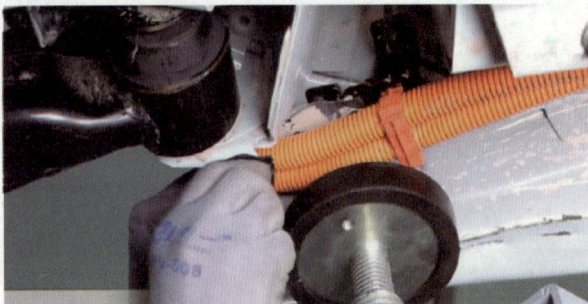

图 4-39　拆卸高压线束支架固定螺栓

图 4-40　脱开线束固定线卡

④连接直流充电插座低压线束连接器,如图 4-42 所示。

图 4-41　正确放置

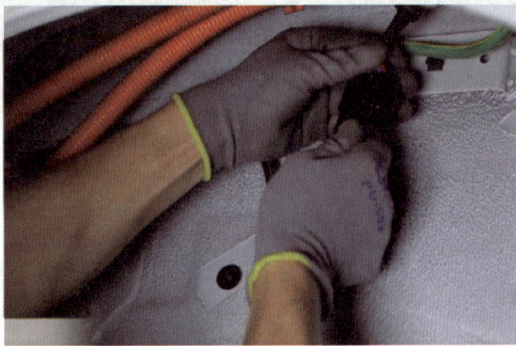

图 4-42　连接低压线束连接器

⑤紧固直流充电高压线束支架的 2 个固定螺栓到标准力矩。

⑥紧固动力电池左防撞梁的 6 个螺栓。

⑦安装直流充电高压线束支架,紧固直流充电高压线束支架的 4 个固定螺母到标准力矩力矩。

⑧依次安装直流充电高压线束固定线卡。

⑨连接动力电池上的直流充电高压线束连接器。

⑩安装左后轮罩衬板。

⑪安装左后轮。

⑫降下车辆。

⑬连接车载充电器处直流母线。

⑭连接蓄电池负极电缆。

⑮关闭前机舱盖。

⑯用诊断仪读取并清除故障码。

任务五　车载充电机的拆装与维护

1.拆卸车载充电机

①把车辆移动到纯电动汽车维修标准工位上。

车载充电
机的拆装

②安装车轮挡块。

③打开驾驶室侧车门,拉起手刹,关闭点火开关至"OFF 挡"。

④安装车内防护套。

⑤打开机舱盖。

⑥安装车外防护垫。

⑦打开蓄电池负极电缆卡箍防尘罩。

⑧使用中号棘轮扳手、中号短接杆、10 号六角套筒拧松蓄电池负极电缆卡箍的固定螺母。

⑨脱开负极电缆,断开低压电,断电时长不少于 5 min,如图 4-43 所示。

⑩正确打开车载充电机处的直流母线插接器卡箍开关,拆下直流母线。

⑪将万用表调到合适的量程,用万用表测量直流母线处的电压,电压应该不大于"1 V",如图 4-44 所示。

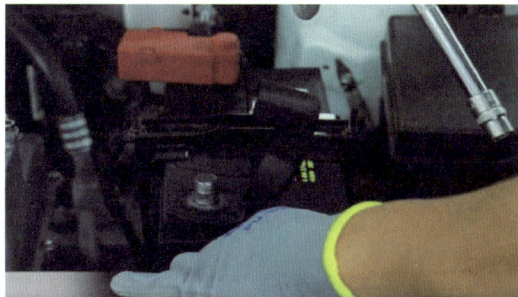

图 4-43　断开低压电

图 4-44　测量直流母线处电压

⑫打开冷却液膨胀罐总成盖。

⑬举升车辆到合适的位置。

⑭断开散热器出水管处的卡扣,排放冷却液,用回收容器接收所放出冷却液使冷却液排放彻底,如图 4-45 所示。

注意:在排放时如果有冷却液溅出,要及时清理。

⑮接通恢复卡扣,并清理残余的冷却液。

⑯降下车辆。

⑰断开车载充电机低压线束连接器。

⑱依次断开车载充电机各个高压线束连接器,如图 4-46 所示。

注意:断开的高压线束插接器接头要用保护套或者绝缘胶带包裹,防止异物进入。

⑲断开车载充电机与驱动电机总成连接的水管。

⑳断开车载充电机与驱动电机控制器相连接的水管。

㉑用塞子(堵头)将冷却水管密封,如图 4-47 所示。

㉒(从外向内对角)拆卸车载充电机总成的 4 个固定螺栓。

㉓拆除车载充电机搭铁线。

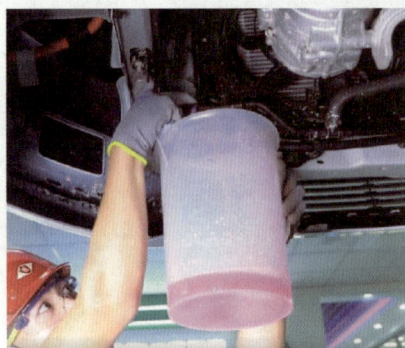

图 4-45　排放冷却液

图 4-46　断开高压线束连接器

㉔取下车载充电机总成。

㉕拆下车载充电机总成后，将车载充电机总成内的剩余液体倾倒干净，如图 4-48 所示。

图 4-47　密封冷却水管

图 4-48　排净剩余液体

㉖车载充电机拆卸完毕。

2.车载充电机安装

①正确放置车载充电机，并对准螺栓孔，如图 4-49 所示。

②（从外向内对角）安装车载充电机总成的 4 个固定螺栓。

③预紧 4 个固定螺栓并紧固到标准力矩。

④（预紧）紧固车载充电机搭铁线线束螺栓到标准力矩。

⑤取下水管堵头。

⑥正确安装车载充电机与驱动电机总成连接的冷却水管并固定卡箍。

⑦正确安装车载充电机与驱动电机控制器相连接的冷却水管并固定卡箍，如图 4-50 所示。

⑧取下防护套或者绝缘胶带。

⑨正确连接车载充电机与 PTC 加热器相连的高压线束连接器。

⑩正确连接车载充电机与驱动电机控制器相连的高压线束连接器。

⑪正确连接车载充电机与交流充电插座总成相连的高压线束连接器。

⑫正确连接车载充电机与动力电池相连的高压线束连接器，如图 4-51 所示。

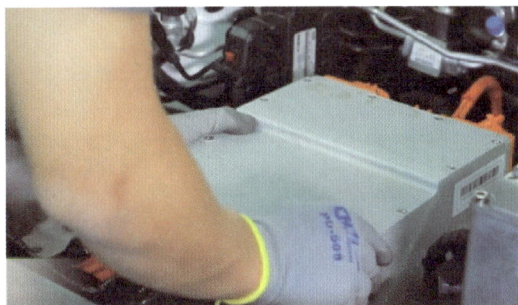

图 4-49　正确放置车载充电机

图 4-50　固定卡箍

注意：插接时注意"一插、二响、三确认"。

⑬最后正确连接车载充电机低压连接器。

⑭正确安装蓄电池负极卡箍，并紧固螺栓到标准力矩。

⑮规范加注冷却液适量。

⑯用故障诊断仪读取并清除车载充电机数据信息，如图 4-52 所示。

⑰安装完成。

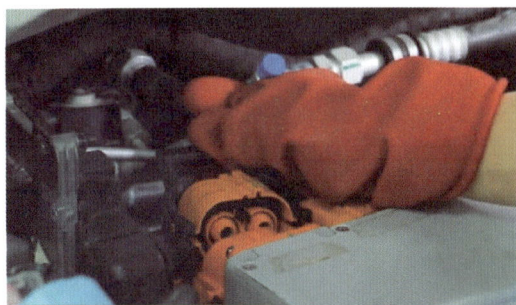

图 4-51　连接高压线束连接器

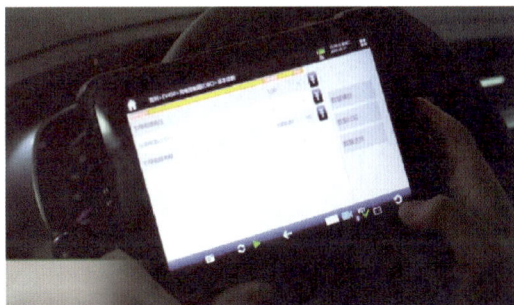

图 4-52　读取并清除数据信息

项目五 | 纯电动汽车驱动系统维护与保养

【任务描述】

小张是某纯电动汽车 4S 店的维修师傅，今天接待了一辆纯电动汽车，车主要求对汽车的驱动电机进行维护作业。

你知道纯电动汽车驱动电机的维护内容有哪些吗？维护时有什么注意事项吗？

【知识目标】

1.能够描述纯电动汽车驱动电机的结构、分类及工作原理；

2.能够描述纯电动汽车电机控制器的名称和作用。

【技能目标】

1.能够快速找到纯电动汽车驱动系统各个零部件的安装位置；

2.能够规范地对纯电动汽车的电机控制器进行维护；

3.能够规范地对纯电动汽车的减速器总成进行维护。

【思政目标】

1.培养学生的企业安全意识和环保意识；

2.培养学生与人合作的团队精神；

3.培养学生在工作过程中形成"7S"的工作态度。

【理论知识】

纯电动汽车驱动系统主要由整车控制器、电机控制器、驱动电机、减速器总成、传感器（加速踏板传感器、制动踏板传感器、电机温度传感器、电机旋变传感器等）等组成，如图 5-1 所示。

1.整车控制器

整车控制器又叫控制系统，一般包含传感器、控制模块和执行器等。其中传感器负责采集信息并转换成电信号发送给控制模块，控制模块也叫控制器，它会根据这些信号进行运算、处理和决策,并向执行器发送控制指令,如图 5-2 所示。

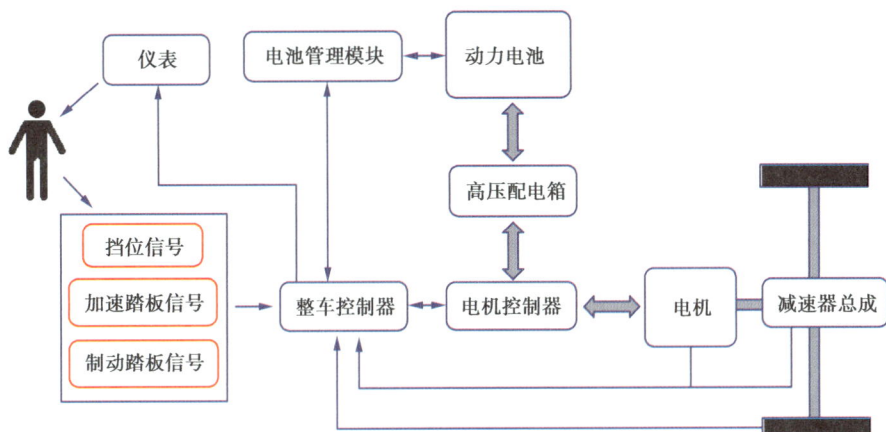

图 5-1　驱动系统

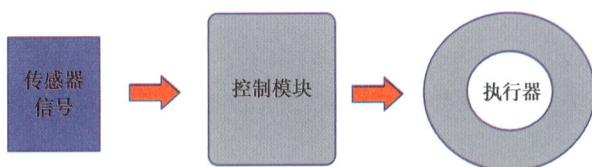

图 5-2　控制系统

当汽车系统中有多个控制系统需要相互通信时,一般是通过 CAN 线将两个系统连接起来,如图 5-3 所示。

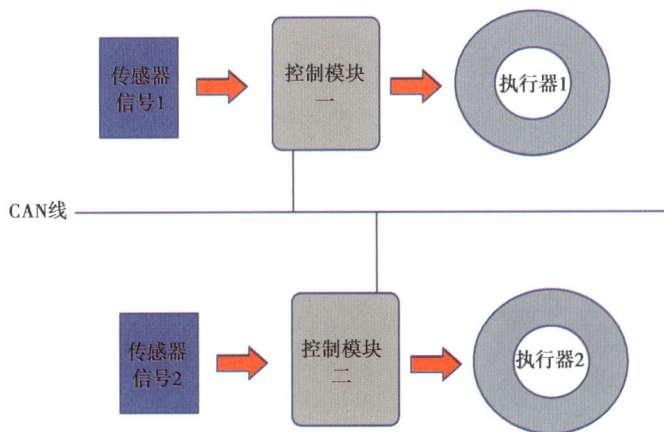

图 5-3　CAN 线控制系统

对于传统汽车来说,多个控制系统是对等的,没有主次之分。而在纯电动汽车的多个控制系统中,一般会有一个主控制器(整车控制器),它除了完成自身的一些控制功能外,还肩负着整个车辆控制系统的管理和协调功能。

整车控制器简称 VCU（Vehicle Control Unit），一般采用分层控制，整车控制器作为第一层，其他控制器作为第二层，各个控制器之间通过 CAN 线进行信息交互，共同实现整车的控制功能，如图5-4所示。

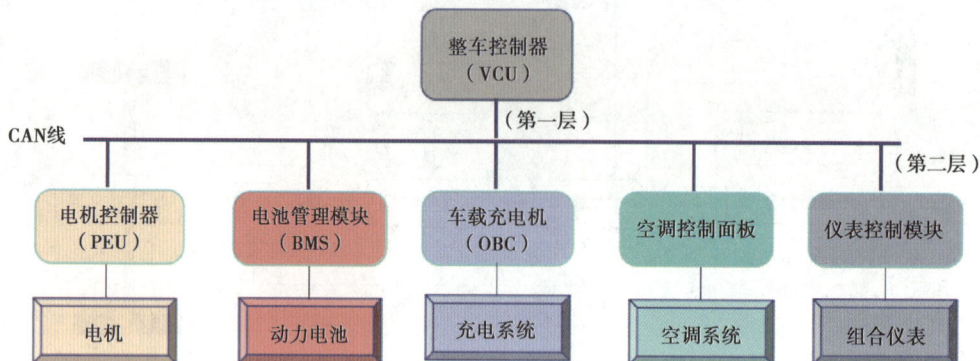

整车控制器
（VCU）
（第一层）

CAN线

（第二层）

| 电机控制器（PEU） | 电池管理模块（BMS） | 车载充电机（OBC） | 空调控制面板 | 仪表控制模块 |

| 电机 | 动力电池 | 充电系统 | 空调系统 | 组合仪表 |

图5-4 纯电动汽车分层控制方式

2.电机控制器

电机控制器控制动力电池组与驱动电机之间的能量传递，采集电机位置信号和三相电流信号，精准控制电机的运行。

电机控制器内部包含 1 个 DC/AC 逆变器和 1 个 DC/DC 直流转换器。逆变器由 IGBT、直流母线电容、驱动和控制电路板等组成，实现直流与交流之间的转变。直流转换器由高低压功率器件、变压器、电感、驱动和控制电路板等组成，实现直流高压向直流低压的能量传递。电机控制器还包含冷却器（通过冷却液）给电子功率器件散热，其结构如图5-5所示。

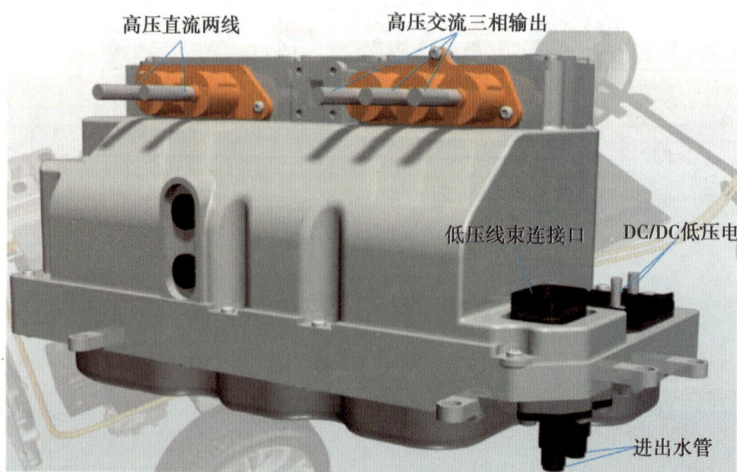

高压直流两线　　高压交流三相输出

低压线束连接口　　DC/DC低压电

进出水管

图5-5 电机控制器

电机控制器能将动力电池中的直流电转换为交流电以驱动电机。同时，当车辆在制动或滑行阶段,可以完成由车轮旋转的动能到电能的转换(交流电转换为直流电)给动力电池充电,其工作原理如图5-6所示。

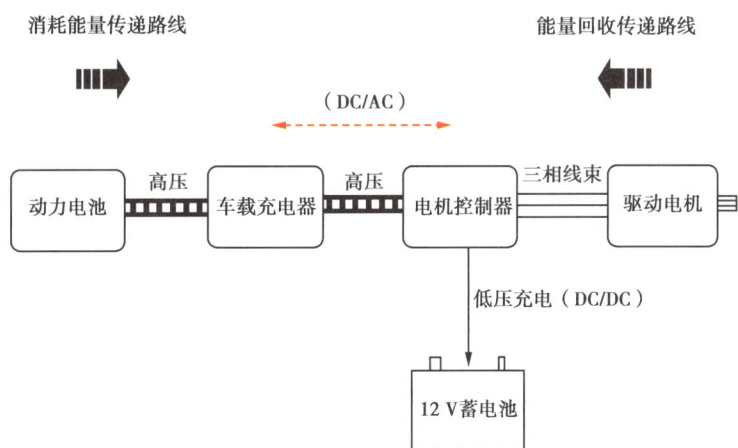

图 5-6　电机控制器的工作原理图

3.驱动电机

驱动电机是电动汽车驱动系统的核心部件,是车辆行驶的主要执行机构,其主要由转子、定子和壳体等组成,如图5-7所示。

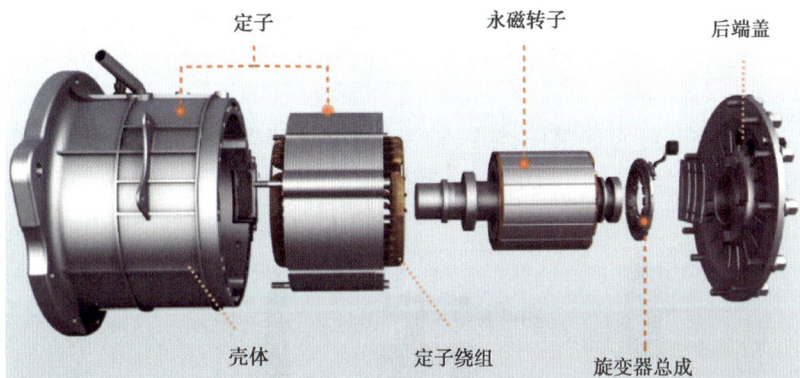

图 5-7　永磁同步电机

驱动电机是把电能转换为机械能的一种设备,它利用励磁线圈,产生旋转磁场形成磁电动力旋转力矩,导线在磁场中受力的作用,使电机输出转矩。

当车辆处于由静止到起步的临界状态时,电机也能产生最大驱动扭矩,可提供给车辆较好的加速度。这种特性决定了纯电动汽车的主要性能指标,直接影响车辆的动力性、经济性和舒适性。

驱动电机可以分为四大类,见表5-1。

表5-1 驱动电机的四大类

类型	直流电机	感应电机	永磁电机	开关磁阻电机
优点	速度控制简单、成本低;起动转矩和制动转矩大,易于快速起动和停止;调速范围广、调速方便	结构简单、坚固、成本低;免维护、工作性能稳定、可靠性好,使用寿命长;与直流电动机相比,感应电机效率高、体积小、质量轻;转矩脉动小、噪声小、转速极限高、响应快;可采用空气冷却或液体冷却方式,冷却速度高;对环境的适应性好,并能实现再生反馈制动	永磁同步电机体积小,调频范围宽,功率密度和效率高,惯性小,响应快	结构简单,使用安全可靠;低速转矩大、起动转矩高、起动电流小;转子无绕组、工作效率高、调频范围宽
缺点	重量大,体积大,可靠性差,需要定期维护;由于电刷、换向器等磨损使得效率较低	逆变器结构复杂,且容易损坏,驱动电路复杂,成本高	价格高,同时大功率的永磁电动机很难做到体积小、质量轻	开关磁阻电动机有严重的转矩脉动,使电动机的振动高、噪声大,非线性严重,逆变器复杂,价格高
主要车型	城市无轨电车	特斯拉	大部分国产电车	观光车及工业电机

4.减速器总成

减速器总成主要由输入轴组件、输出轴组件、中间轴组件、差速器组件、前后箱体等组成,如图5-8所示。

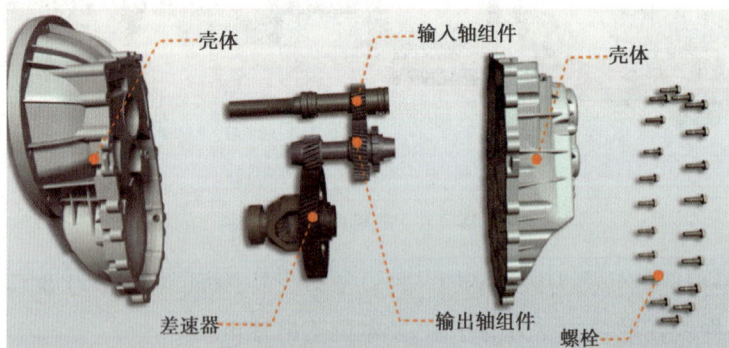

图5-8 减速器总成

减速器介于驱动电机和驱动半轴之间,驱动电机的动力输出轴通过花键直接与减速器输入轴齿轮连接。一方面减速器将驱动电机的动力传给驱动半轴,起到降低转速增大扭矩作用;另一方面减速器能满足汽车转弯及在不平路面上行驶时,左右驱动轮以不同的转速旋转,保证车辆的平稳运行。

【实践技能】

驱动系统
外观检查

任务一 驱动系统外观检查

①把车辆移动到新能源汽车维修标准工位上,如图 5-9 所示。

图 5-9 移动到工位

②安装车轮挡块。

③打开驾驶室侧车门,拉起手刹,关闭点火开关至"OFF 挡",如图 5-10 所示。

④安装车内防护套,如图 5-11 所示。

图 5-10 关闭点火开关

图 5-11 安装车内防护套

⑤打开机舱盖。

⑥安装车外防护垫。

⑦打开蓄电池负极电缆卡箍防尘罩。

⑧使用中号棘轮扳手、中号短接杆、10 号六角套筒拧松蓄电池负极电缆卡箍固定螺母。

⑨脱开负极电缆,断开低压电,断电时长不少于 5 min,如图 5-12 所示。

⑩正确打开车载充电机处的直流母线插接器卡箍开关,拆下直流母线。

⑪将万用表调到合适的量程,用万用表测量直流母线处的电压,电压应该不大于"1 V",如图 5-13 所示。

⑫检查电机控制器固定螺栓是否松动,漆标是否移位(如果移位需要紧固到标准力矩)。

⑬检查电机控制器盖板螺栓是否齐全、是否松脱。

⑭用探照灯检查电机控制器外观是否有变形、裂痕,警告标签是否丢失、外观是否有油

液泄漏等,如图 5-14 所示。

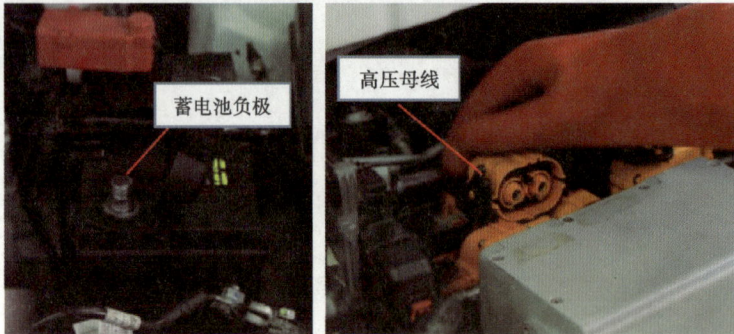

图 5-12　断开低压电

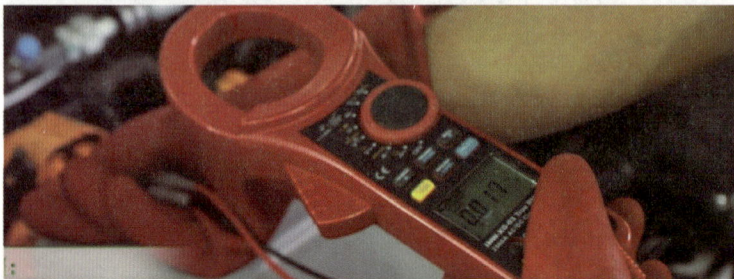

图 5-13　测量直流母线的电压

⑮检查与电机及电机控制器相连的高压供电线路是否有老化、皲裂等现象。

⑯检查低压线路是否有老化、皲裂等现象。

⑰检查高低压线束的插接器是否工作正常、接头是否有松脱现象。

⑱检查电机控制器接地电阻不大于 0.1 Ω,如图 5-15 所示。

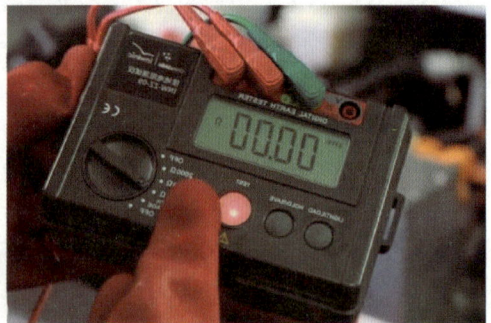

图 5-14　检查外观　　　　　　　　图 5-15　检查接地电阻

⑲举升车辆到合适位置。

⑳用探照灯检查电机外观是否有变形、裂痕,警告标签是否丢失,外观是否有油液泄漏,无水渍、无泥垢等。

㉑用探照灯检查减速器外观是否有变形、裂痕,警告标签是否丢失,外观是否有油液泄

漏,无水渍、无泥垢等,如图 5-16 所示。

㉒检查电机与减速器结合的固定螺栓是否松动,漆标是否移位,如图 5-17 所示。

图 5-16　检查外观　　　　　　　　　　　图 5-17　检查固定螺栓

㉓检查电机与减速器的结合面是否有油液泄漏。

㉔检查电机与减速器的固定螺栓是否松脱,漆标是否移位,若漆标位置有移动则应将螺栓紧固到标准力矩。

㉕检查减速器放油螺栓是否松脱。

㉖检查电机接地线的电阻,标准值不大于 0.1 Ω。

任务二　减速器的拆装与维护

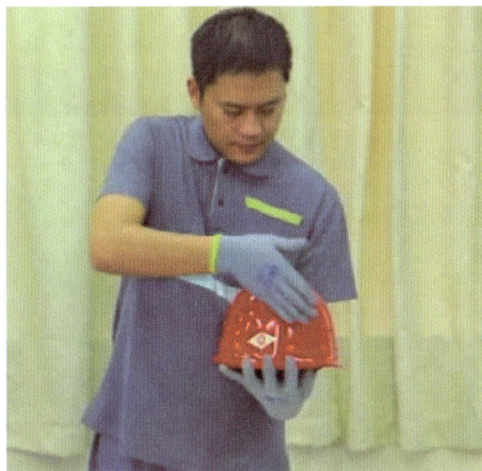

1.拆卸减速器

①检查防电池电解液酸碱性手套、护目镜、安全帽的外观,如图 5-18 所示。

②检查绝缘手套的密封性和耐压等级,如图 5-19 所示。

减速器的
拆装

图 5-18　检查安全帽　　　　　　　　　　图 5-19　检查绝缘手套

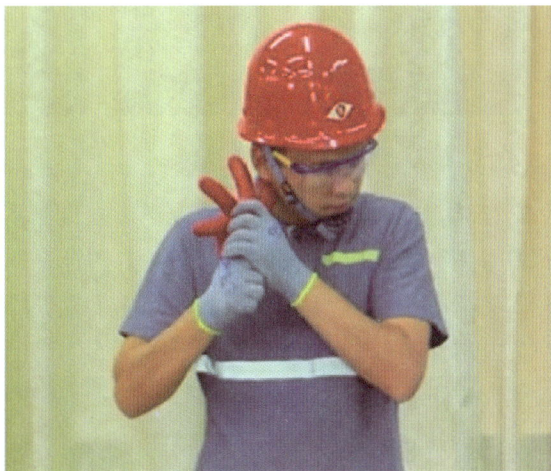

③穿戴绝缘鞋(进入工位前提前穿戴好)。

④打开放油螺塞组件,将变速箱体内的润滑油排放干净。

⑤用探照灯检查润滑油是否排放干净,如图 5-20 所示。

⑥检查放油塞组件和 O 形密封圈是否完好,如图 5-21 所示。

图 5-20　检查润滑油是否排干

图 5-21　检查放油塞组件和 O 形密封圈

⑦把拆下的放油塞装到箱体上。

⑧交错拧开用于固定变速箱箱体与电动机的六角法兰面螺栓,分离变速箱与电动机,如图 5-22 所示。

注意:分离时,使用一字螺丝刀且按照垫布(或裹胶布)的方法加以保护。

⑨交错拧开用于连接固定变速器前后箱体的螺栓,将后箱体与前箱体分离,如图 5-23 所示。

图 5-22　分离变速箱与电动机

图 5-23　分离前箱体与后箱体

注意:拆分过程中使用一字螺丝刀且按照垫布(或裹胶布)的方法加以保护,保护好前箱体与后箱体接触的面防止损伤。

⑩拆分箱体后,拿出磁铁槽中掉出的磁铁。

⑪拆卸差速器组件轴承压板,如图 5-24 所示。

⑫取下差速器相关齿轮。

⑬拆卸副轴轴承压板,如图 5-25 所示。

⑭取下副轴。

⑮正确使用卡簧钳取下副轴轴承卡簧,如图 5-26 所示。

⑯佩戴安全帽,并使用专用工具(拉码器)将副轴轴承从箱体中取出,如图 5-27 所示。

图 5-24　拆卸差速器组件轴承压板

图 5-25　拆卸副轴轴承压板

图 5-26　取下副轴轴承卡簧

图 5-27　取出副轴轴承

注意:使用专用工具(拉码器)时不要造成轴承或箱体或专用工具损坏。

⑰拆卸主轴轴承压板,如图 5-28 所示。

⑱取下主轴齿轮总成。

⑲取下主轴。

⑳使用一字螺丝刀且按照垫布(或裹胶布)的方法取下油封,如图 5-29 所示。

图 5-28　拆卸主轴轴承压板

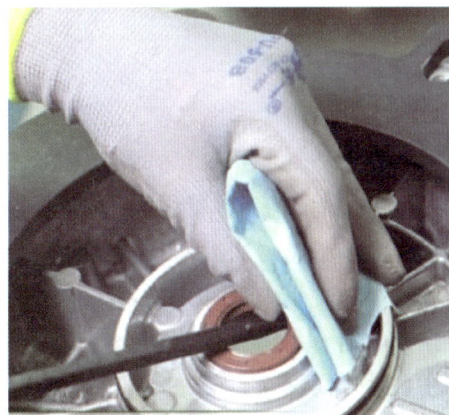

图 5-29　取下油封

2.安装减速器

①佩戴安全帽、护目镜。

②使用吹气枪对差速器组件表面及差速器壳体内部的粉尘、铁屑等杂质进行清理。

③转动行星齿轮或半轴齿轮，检查是否有卡滞，并使用吹气枪进行深度清洁，如图 5-30 所示。

④使用吹气枪或吸油纸对球轴承、圆柱滚子轴承、主轴、副轴表面进行清洁，如图 5-31 所示。

图 5-30　清洁行星齿轮或半轴齿轮

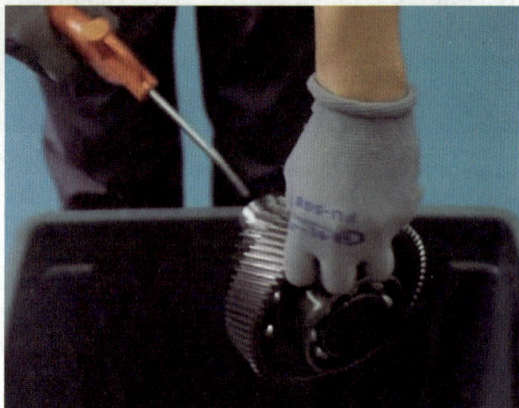

图 5-31　清洁圆柱滚子轴承等

⑤使用吹气枪或吸油纸对变速箱前箱体表面进行清洁。

⑥使用吹气枪或吸油纸对变速箱后箱体表面进行清洁。

⑦使用工具（铲刀）对前合箱面进行剐蹭处理，刮平高点。

⑧使用工具（铲刀）对后合箱面进行剐蹭处理，刮平高点。

⑨使用油封工装将 3 个全新油封装入变速器后箱体，如图 5-32 所示。

⑩检查齿轮轮系转动情况。

⑪检查主轴齿轮磨损情况，如图 5-33 所示。

⑫检查副轴主动齿轮磨损情况。

⑬检查副轴从动齿轮磨损情况。

⑭检查差速器齿轮磨损情况。

⑮检查后箱体轴承外圈磨损情况，如图 5-34 所示。

⑯检查主轴前轴承内外圈磨损情况。

⑰检查更换差速器油封，安装副轴轴承。

⑱安装副轴轴承卡簧，如图 5-35 所示。

⑲摆正轴组件和压板，依次装入主、副轴组件。

⑳先用手拧紧螺栓 2~3 圈，再紧固压板螺栓。

㉑摆正差速器组件和压板，装入差速器组件，如图 5-36 所示。

注意：安装各个轴组件时，要注意微调各组件（转动），以便安装过程顺畅。

图 5-32 将 3 个全新油封装入

图 5-33 检查主轴齿轮磨损情况

图 5-34 检查轴承外圈磨损情况

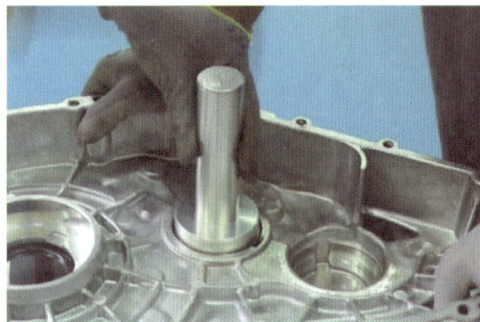

图 5-35 安装副轴轴承卡簧

㉒安装磁铁和合箱定位销。

㉓判定是否更换调整垫片，装入后箱体。

㉔用橡皮锤轻轻敲打箱体外壁，注意保护主轴油封并进行合箱，如图 5-37 所示。

图 5-36 装入差速器组件

图 5-37 进行合箱

㉕使用专用工具（预知式扭力扳手）紧固前后箱体总成到标准力矩。

㉖按规定先用手拧紧螺栓 2~3 圈，再紧固变速箱体与电动机的六角法兰面螺栓。

㉗使专用工具（预知式扭力扳手）紧固变速箱与电动机到标准力矩。

㉘安装完毕。

任务三　电机控制器的拆装与维护

1.电机控制器的拆卸

①检查并穿戴好防护套装。

②关闭点火开关至"OFF"挡位。

③安装车外三件套(翼子板布、前格栅布)。

④拧松并拆下蓄电池负极卡箍,脱开负极电缆,断电 5 min。

注意:取下的负极卡箍要用绝缘防护套套起或者用绝缘胶带包裹,防止意外电击事故。

⑤正确打开直流母线插接器卡箍开关,拆下直流母线。

注意:对高压系统进行操作时,必须要穿戴好绝缘手套,防止被电击。

⑥用万用表测量直流母线处的电压,电压应该不大于"1 V"。

注意:取下的直流母线插接器要用绝缘防护套套起或者用绝缘胶带包裹,防止意外电击事故。

⑦打开举升机电源开关,举升车辆到合适的位置并锁止。

⑧打开冷却液管路插接器,排放冷却液,如图 5-38 所示。

⑨打开举升机电源开关,把车辆降到合适的位置。

⑩断开电机控制器处低压线束的插头。

⑪取下 DC 12 V 输出防尘盖。

⑫拆下 DC 12 V 正、负极固定螺栓,脱开线束,如图 5-39 所示。

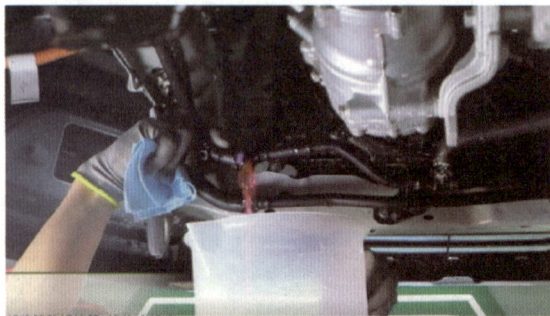

电机控制
器的拆装

图 5-38　排放冷却液

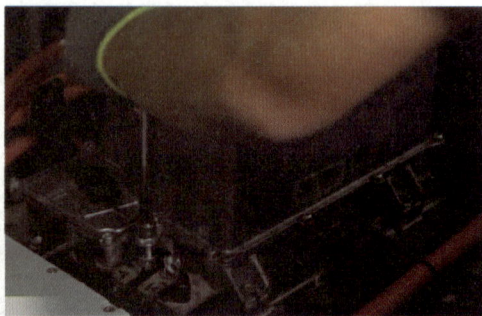

图 5-39　拆下正负极固定螺栓

⑬对称、交叉拆下电机控制器上盖的 8 个螺栓。

⑭取下上盖和密封垫。

⑮拧松并拆下驱动电机三相线束端子(电机控制器侧)的 3 个固定螺栓,如图 5-40 所示。

⑯拧松并拆下三相线束插接器(电机控制器侧)的 3 个固定螺栓,脱下三相线束,如图 5-41 所示。

⑰拧松并拆下两根高压线束端子(电机控制器侧)的两个固定螺栓,如图 5-42 所示。

图 5-40　拆下三相线束端子的固定螺栓

图 5-41　拆下线束插接器的固定螺栓

⑱拧松并拆下两根高压线束插接器(电机控制器侧)的两个固定螺栓,脱下高压线束,如图 5-43 所示。

图 5-42　拆下高压线束端子的固定螺栓

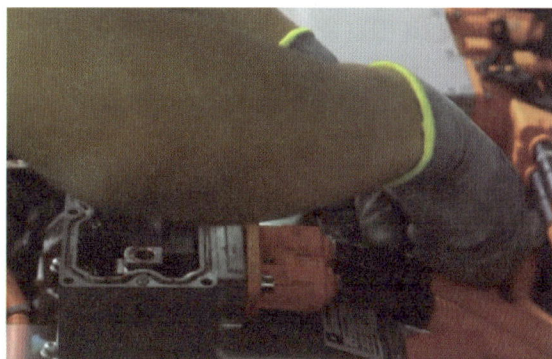

图 5-43　拆下高压线束插接器的固定螺栓

⑲用万用表电压挡检测(电机控制器侧)高压正、负极的电压是否为"0 V",如图 5-44 所示。

图 5-44　检测高压正、负极电压

注意:此处电压应该为"0 V"左右,如果仍然存在电压,需要用放电工装进行放电后,才能进行下一步操作。

⑳拧松并拆下电机控制器的4个固定螺栓。

注意:由于电机控制器不再存在高压,所以操作时可以不戴高压绝缘手套。

㉑脱开电机控制器的进、出水管。

注意:水管脱开前,要在车辆下面放置容器,接住冷却液,防止污染地面。

㉒用合适的堵头堵住进、出水口。

㉓取下电机控制器。

2.安装电机控制器

①穿戴好防护套装。

②安装车外三件套(翼子板布、前格栅布)。

③检查负极线束是否和蓄电池负极断开,断开方可进行下一步操作,如图5-45所示。

④检查高压直流母线是否和车载充电机断开,断开方可进行下一步操作,如图5-46所示。

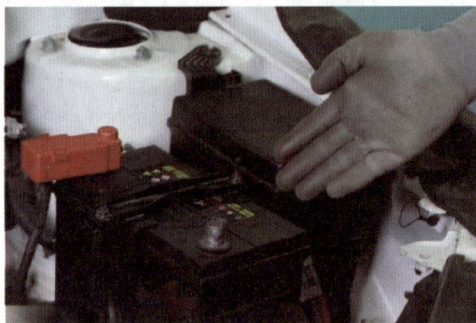

图5-45　检查负极线束

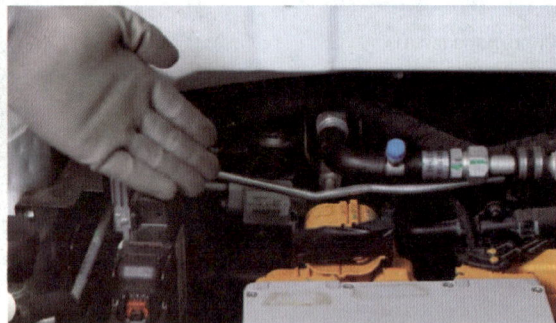

图5-46　检查高压直流母线

⑤放置电机控制器到合适的位置。

⑥取下堵头,连接电机控制器进水管。

⑦取下堵头,连接电机控制器出水管。

⑧安装并预紧电机控制器4个固定螺栓,并紧固到标准力矩,如图5-47所示。

⑨连接三相线束,安装并预紧驱动电机三相线束插接器(电机控制器侧)的3个固定螺栓并拧紧到标准力矩。

⑩安装并预紧驱动电机三相线束端子(电机控制器侧)的3个固定螺栓并拧紧到标准力矩,如图5-48所示。

⑪连接两根高压线束,安装并预紧两根高压线束插接器(电机控制器侧)的两个固定螺栓并拧紧到标准力矩。

⑫安装并预紧两根高压线束端子(电机控制器侧)的两个固定螺栓并拧紧到标准力矩,如图5-49所示。

⑬正确安放电机控制器上盖密封垫。

图 5-47　安装电机控制器并预紧固定螺栓

图 5-48　安装电机三相线束端子的固定螺栓

⑭正确安装电机控制器上盖。

⑮安装并预紧电机控制器上盖的 8 个螺栓并拧紧到标准力矩,如图 5-50 所示。

图 5-49　安装两根高压线束端子的固定螺栓

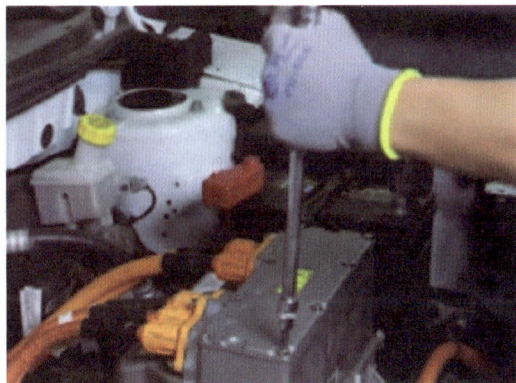

图 5-50　拧紧螺栓

注意:电机控制器上盖螺栓拧紧时应采取对角法则拧紧。

⑯连接电机控制器低压线束插头。

⑰连接两根 DC 12 V 输出线。

⑱紧固 DC 12 V 输出线端子的两个紧固螺母并拧紧到标准力矩。

⑲盖上防尘盖。

⑳连接直流母线。

㉑连接蓄电池负极线束。

㉒拧紧蓄电池负极卡箍紧螺母到标准力矩。

㉓加注冷却液。

a.拧开膨胀罐盖,加入指定型号的冷却液。

b.持续加注冷却液,直至膨胀罐内冷却液容量达到 80% 左右,且液位不再下降,膨胀罐保持开口状态,如图 5-51 所示。

c.拔出电机控制器出水管,待电机控制器出水口有成股水流出,装上电机控制器出水管。

注意:水管脱开前,要在车辆下面放置容器,接住冷却液,防止污染地面。

d.除气完成,补充冷却液,如图5-52所示。

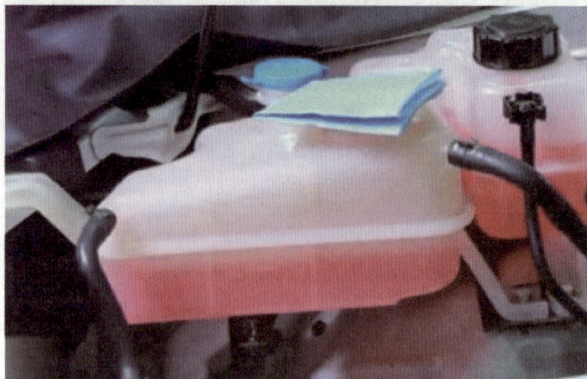

图5-51　加注冷却液

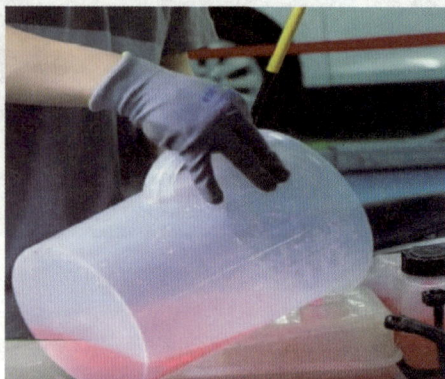

图5-52　除气后补充冷却液

㉔打开点火开关,读取并清除故障码,如图5-53所示。

图5-53　读取并清除故障码

㉕恢复车辆。

任务四　更换齿轮油

更换
齿轮油

①将车辆水平放置,并让减速器内部的油冷却。

②举升车辆到合适位置。

③拆卸加注孔塞,检查油位是否标准(此步骤视情况来定),如图5-54所示。

④拆卸减速器放油螺塞,如图5-55所示。

⑤用回收容器接收放出的减速器油,如图5-56所示。

⑥安装减速器放油螺塞,并紧固到标准力矩,如图5-57所示。

⑦检查需要加注的齿轮油规格是否满足要求,如图5-58所示。

⑧打开油液加注机加油口,加注标准油量的齿轮油,如图5-59所示。

图5-54　检查油位

图5-55　拆放油螺塞

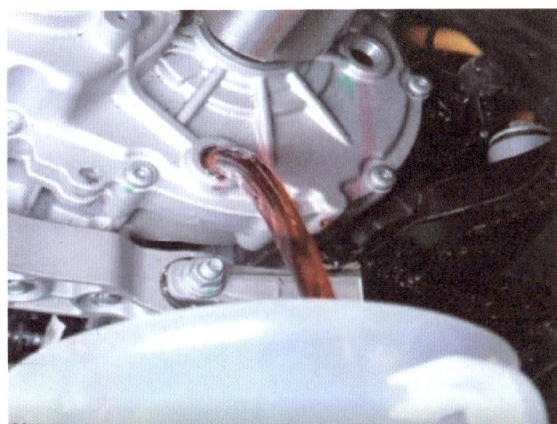

图5-56　接减速器油

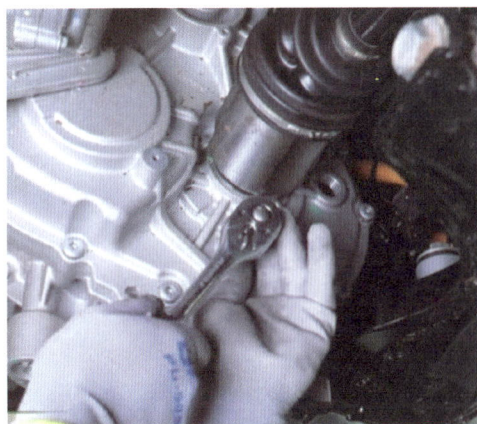

图5-57　安装减速器放油螺塞

图5-58　检查齿轮油规格

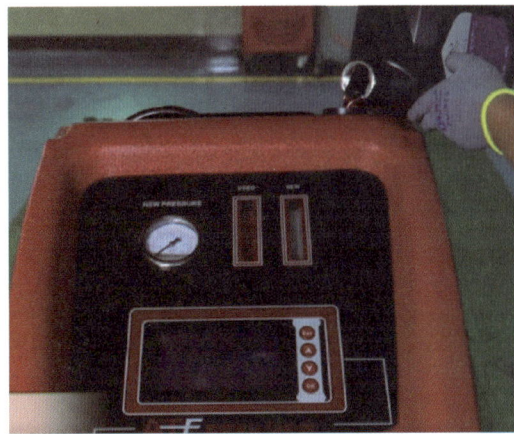

图5-59　打开加油口

⑨连接油液加注机到减速器加注孔,给油液加注机通电,添加专用的减速器油,直到油液加注机里面的油液加注完毕,如图5-60所示。

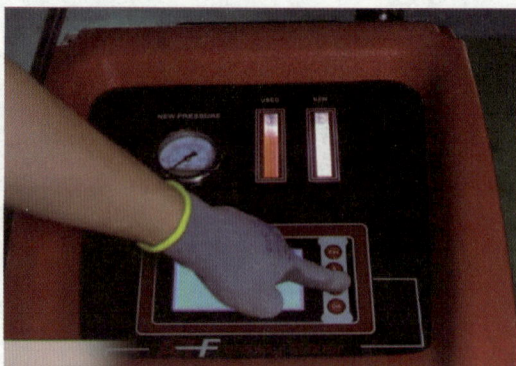

图 5-60　加注减速器油

⑩检查油液液位是否满足要求。

⑪重新安装并紧固加注孔螺塞,并紧固到标准力矩。

⑫更换完毕,放下车辆。

项目六 | 纯电动汽车底盘系统维护与保养

【任务描述】

小王为某新能源汽车 4S 店维修工,今天有一辆纯电动汽车进店要进行制动液的更换作业。

你知道纯电动汽车制动液更换的作业内容有哪些吗？更换时有什么注意事项吗？

【知识目标】

1.掌握纯电动汽车底盘各个系统的组成及作用；
2.掌握新能源汽车底盘各个部件的工作原理。

【技能目标】

1.能在实车上快速找到转向系统各零部件的位置；
2.能在实车上快速找到行驶系统各零部件的位置；
3.能在实车上快速找到制动系统各零部件的位置；
4.能够熟练对底盘各个系统进行维护作业；
5.能正确使用纯电动汽车底盘系统维护所需工具。

【思政目标】

1.培养学生的团队协作意识和吃苦耐劳的工作精神,树立正确的职业精神；
2.培养学生恪尽职守、不断进取的工作作风。

【理论知识】

一、纯电动汽车转向系统的组成

转向系统主要由转向盘、转向柱、转向助力总成、机械转向总成等构成,常见的转向系统有电动助力转向和液压助力转向,如图 6-1 所示。

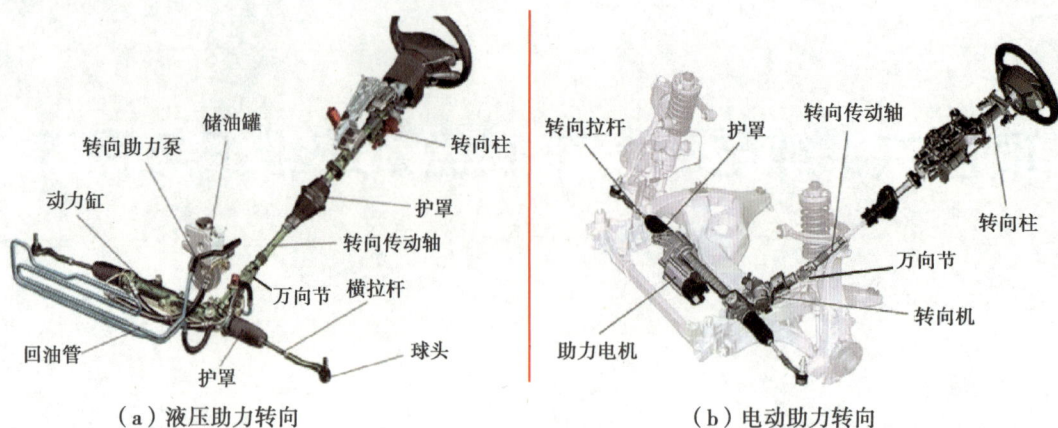

（a）液压助力转向　　　　　　　　　（b）电动助力转向

图 6-1　转向系统的组成

转向系统的作用是按照驾驶人的意愿控制汽车的行驶方向,保证行驶方向的稳定性和转向操作的轻便性。

二、纯电动汽车行驶系统的组成

纯电动汽车的行驶系统主要由悬架、车轮等组成,其主要作用是支持汽车的全车质量、接受传动系统的转矩驱动车辆行驶,同时缓和路面产生的冲击和震动。

1.悬架

典型的悬架结构由弹性元件、导向机构以及减震器等组成,个别悬架结构还有缓冲块、横向稳定杆等,其主要作用是传递车轮和车架之间的力和力扭,并且缓冲由不平路面传给车架或车身的冲击力,并减少由此引起的震动,以保证汽车能平顺地行驶。常见的悬架有两种:独立悬架和非独立悬架,如图 6-2 所示。

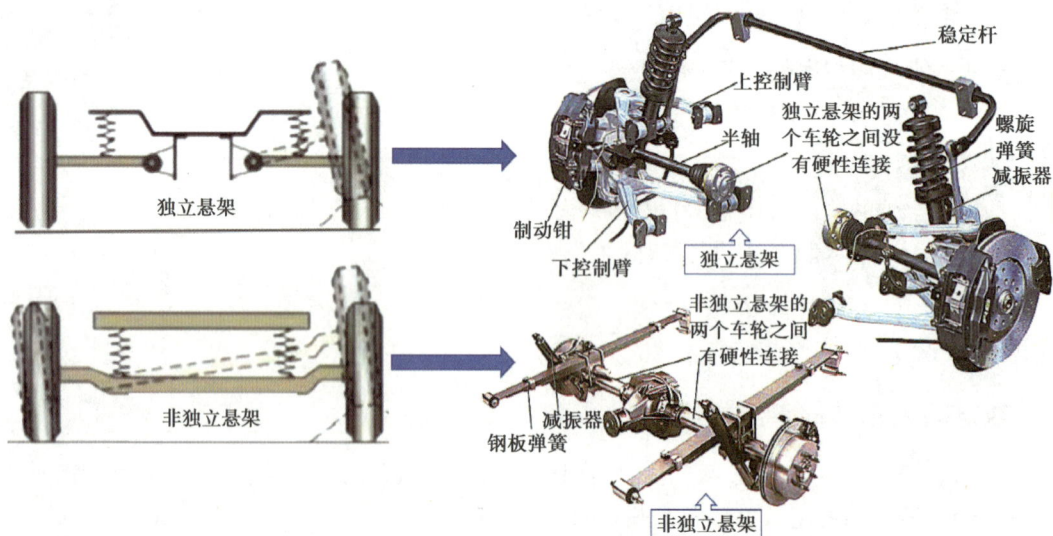

图 6-2　悬架

2.车轮

车轮主要由轮辋、轮毂、轮胎等组成,如图 6-3 所示。

(1)轮辋

轮辋俗称轮圈,是在车轮上周边安装和支撑轮胎的部件,与轮辐组成车轮。轮辋和轮辐可以是整体式的、永久连接式的或可拆卸式的。

(2)轮毂

轮毂是轮胎内廓支撑轮胎的圆桶形的、中心装在轴上的金属部件,它又叫钢圈、轱辘、胎铃等。轮毂根据直径、宽度、成型方式、材料等的不同又分为多个种类。

图 6-3 车轮

(3)轮胎

轮胎规格包括以毫米为单位表示断面宽度和扁平比的百分数,后面加上轮胎类型代号、轮辋直径(英寸)、负荷指数(许用承载质量代号)、许用车速代号等。例如,205/55R 16 91 V,205 代表轮胎宽度是 205 mm;55 表示轮胎断面的扁平比是 55%,即断面高度是宽度的 55%;轮辋直径是 16 in①;负荷指数为 91;使用车速是 V 级;如图 6-4 所示。

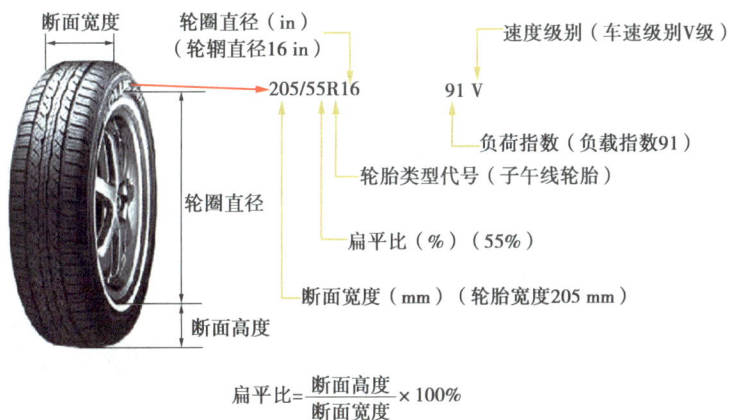

$$扁平比 = \frac{断面高度}{断面宽度} \times 100\%$$

图 6-4 车轮规格

三、纯电动汽车制动系统的组成

制动系统可分为机械式制动系统、液压式制动系统、气压式制动系统、电磁式制动系统等,目前用得最多的是液压制动系统,如图 6-5 所示。

制动系统的主要功用是使行驶中的汽车减速,甚至停车,使下坡行驶的汽车速度保持稳

---

① 1 in ≈ 2.54 cm

定,使已停驶的汽车保持不动。

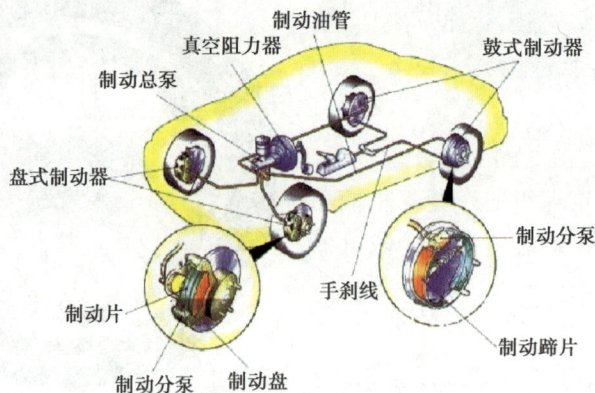

图 6-5　液压制动系统

制动系统主要由制动操纵机构和制动器两个主要部分组成。

1.制动操纵机构

制动操纵机构产生制动动作、控制制动效果并将制动能量传输到制动器的各个部件。

2.制动器

制动器是产生阻碍车辆的运动或运动趋势的力（制动力）的部件。汽车上常用的制动器都是利用固定元件与旋转元件工作表面的摩擦而产生制动力矩,称为摩擦制动器,它有鼓式制动器和盘式制动器两种结构,如图6-6所示。

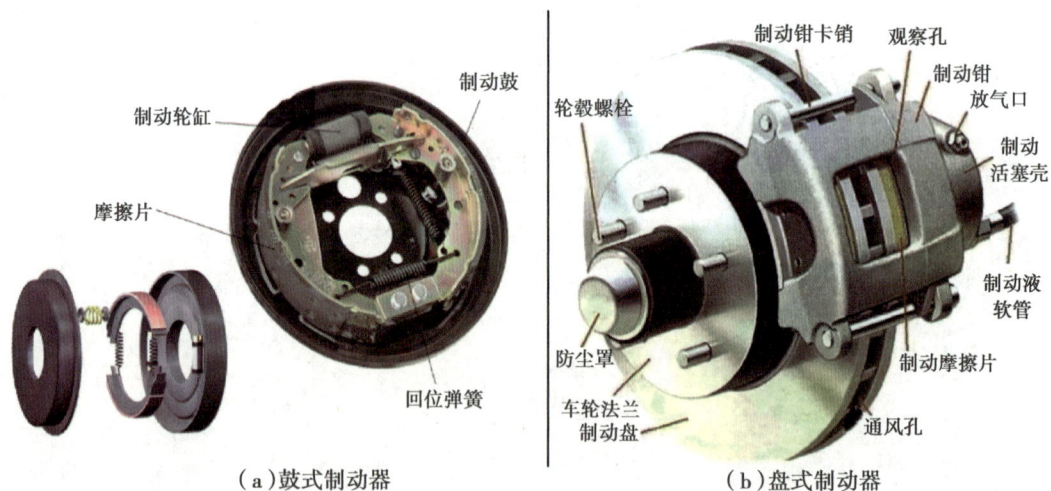

（a）鼓式制动器　　　　　（b）盘式制动器

图 6-6　制动器

【实践技能】

任务一　转向系统的基本检查维护

①把车辆移动到新能源汽车维修标准工位上,轮胎朝向正前方。

转向系统
基本检查

②打开驾驶室侧车门,拉起手刹,关闭点火开关至"OFF 挡"。

③安装车内防护套。

④上下拉动方向盘,检查转向轴的伸缩情况。

⑤前后摆动方向盘,检查转向柱的上下倾斜调整情况。

⑥打开锁止开关,检查转向柱的锁止情况,如图 6-7 所示。

⑦确定基准,转动转向盘,用直尺测量方向盘的自由转动量(自由间隙),看看是否符合标准。其中,自由转动量如图 6-8 所示,检查方法如图 6-9 所示。

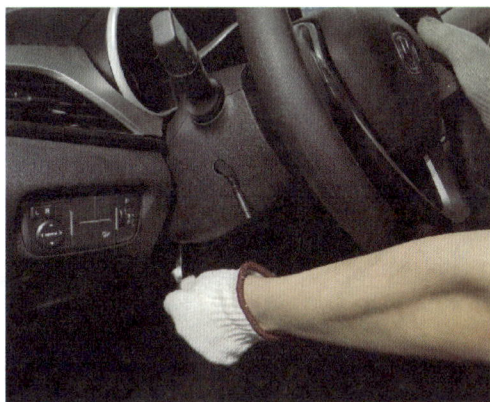

图 6-7　检查转向柱的锁止情况

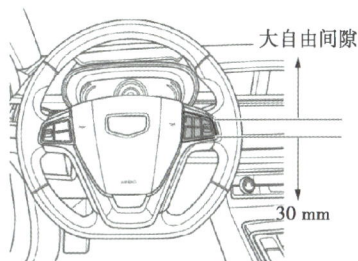

图 6-8　自由转动量

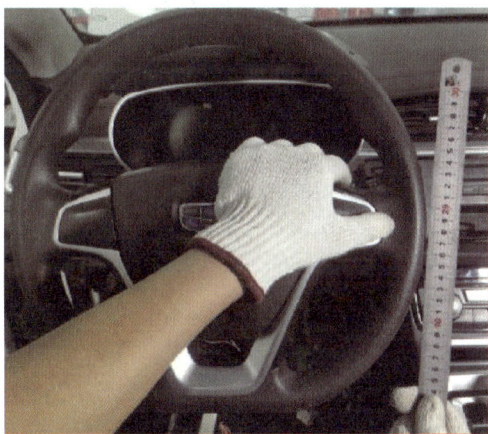

图 6-9　检查方法

⑧用手电筒检查转向管柱防尘套是否有松脱、老化等现象。

⑨用扭力扳手检查转向管柱万向节固定螺栓力矩是否符合标准。

任务二　转向力的检查维护

①车辆停在水平地面上,轮胎朝向正前方。

②打开驾驶室侧车门,拉起手刹,关闭点火开关至"OFF 挡"。

转向力的
检查

③安装车内防护套。

④打开机舱盖,断开蓄电池负极。

图 6-10　拆卸方向盘上的安全气囊

⑤拆卸方向盘上的安全气囊,如图 6-10 所示。

⑥连接蓄电池负极电缆。

⑦检查转向力。

a.将电源调整到 ON 状态。

b.使用扭矩扳手,将转向盘分别向左和向右转动 90°,检查向左和向右转动时转向力扭矩是否符合标准,如图 6-11 所示。

c.关闭点火开关,断开蓄电池负极电缆。

d.复检转向盘固定螺母扭矩力矩是否符合标准。

图 6-11　检查转向力扭矩

⑧安装方向盘上的安全气囊。

⑨连接蓄电池负极电缆。

⑩关闭机舱盖。

任务三　转向器及横拉杆球头检查维护

①举升车辆到合适的位置,锁死举升机。

②用手电筒检查转向器外观是否正常,线束及插头是否存在老化、松脱等现象,如图 6-12所示。

③用扭力扳手检查转向器的固定螺栓是否存在松脱等现象。

④用手电筒检查横拉杆防尘套是否有开裂、漏油等现象,如图 6-13 所示。

⑤检查横拉杆球头及球头固定螺母的外观是否正常,是否存在松脱等现象,如图 6-14所示。

图 6-12 检查外观

图 6-13 检查横拉杆防尘套

⑥转动车轮和横拉杆,检查是否存在异响,球头间隙是否存在松旷等现象,如图 6-15 所示。

图 6-14 检查横拉杆球头及其固定螺母

图 6-15 转动车轮和横拉杆

⑦降下举升机,恢复车辆。

任务四 悬架系统的基本检查维护

①把车辆水平放置在新能源汽车维修标准工位上。

②安装车轮挡块。

③打开驾驶室侧车门,拉起手刹,关闭点火开关至"OFF 挡"。

④打开机舱盖。

⑤安装车外防护套。

⑥用胎压表检查胎压是否正常,如果不正常则需按轮胎标签上的规格调整轮胎气压至标准值,如图 6-16 所示。

⑦检查汽车是否过载(此步骤可以通过询问车主来获取信息)。

悬架系统
的检查

⑧检查减振器的安装是否正常,减振器各部件的工作是否正常,检查减振器是否有松动现象或有异物。

⑨迅速按下并松开最靠近减振器的保险杠拐角,检查减振器的压缩和回弹效果是否正常,如图 6-17 所示。

图 6-16　检查胎压

图 6-17　检查减振器的压缩和回弹

⑩举升车辆到合适位置,锁死举升机,使悬架处于自由悬挂状态,如图 6-18 所示。

⑪检查减振器油液是否足量,如果油液过少则需要更换减振器。

⑫检查减振器完全伸展时的密封情况,是否存在泄漏、防尘罩是否存在破损等情况,如图 6-19 所示。

图 6-18　悬架处于自由悬挂状态

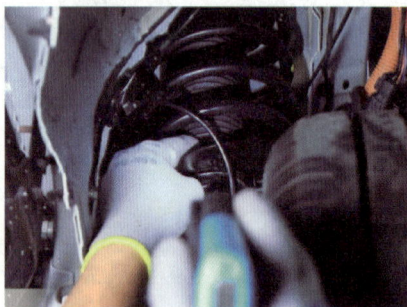

图 6-19　检查密封情况

⑬抓住前轮胎顶部和底部,摆动车轮,检查是否存在间隙,转向节是否相对控制臂做水平运动,如果有异常则需要更换转向节,如图 6-20 所示。

⑭转动车轮,检查车轮转动是否平顺,转动过程中是否有异响,如果有异常则需要更换车轮轴承。

⑮检查稳定杆、摆臂球头等悬架零部件的安装外观情况是否正常、固定螺栓是否存在松脱等现象,如图 6-21 所示。

图 6-20　检查转向节

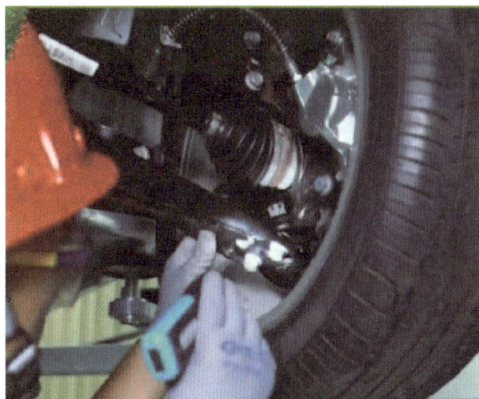

图 6-21　检查安装外观情况

⑯降下举升机,恢复车辆。

任务五　车轮的基本检查

①将车辆放置到水平地面上。

②安装车轮挡块。

③用胎压表检查轮胎胎压是否正常,如果不正常则需要调整胎压到正常胎压值。

④举升车辆到合适的位置,锁死举升机。

⑤用探照灯检查车轮轮毂固定螺栓及螺栓防尘罩是否存在丢失、破损等现象,如图 6-22 所示。

⑥检查气门嘴防尘帽是否丢失。

⑦用探照灯检查车轮轮毂和轮辋外观是否存在断裂、破损、划痕、污物等现象,如果轮毂或轮辋问题比较严重,则需要对其进行维修或者更换,如图 6-23 所示。

车轮的基本检查

图 6-22　检查螺栓

图 6-23　检查车轮轮毂外观

⑧检查车轮平衡块是否丢失,如果没有则无须检查,如图 6-24 所示。

⑨用探照灯检查并记录车轮轮胎型号是否符合要求,如图 6-25 所示。

⑩用探照灯检查轮胎沟槽中是否有异物或刺入异物等现象,如果有,要及时清理、补胎或者更换轮胎,如图 6-26 所示。

⑪用探照灯检查轮胎台面是否出现开裂、鼓包等现象,如果出现这些现象则需要更换

轮胎。

⑫用探照灯检查轮胎有无偏磨,如有则需要对车辆进行四轮定位。

⑬检查轮胎花纹磨损是否严重,如果磨损较为明显则需要测量花纹深度。

a.校准胎纹尺,如图6-27所示。

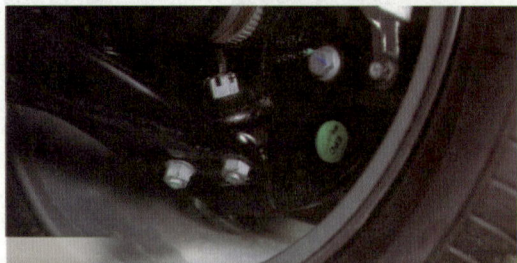

图6-24 检查平衡块

图6-25 检查轮胎型号

图6-26 检查轮胎沟槽

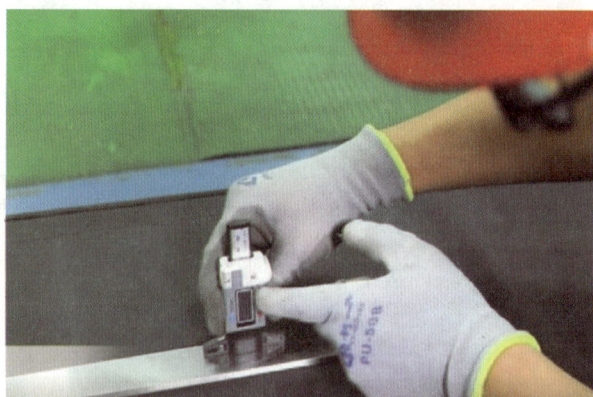

图6-27 校准胎纹尺

b.将胎纹尺测量杆深入轮胎胎面统一横截面的几个主花纹沟槽内,测量并记录测量数值,得出一组数值并求平均值,如图6-28所示。测量多个截面数值,取其中的最小值和极限值相比较,如果小于极限值则需要更换轮胎。

图6-28 测量数值

任务六　备胎的更换

1.拆卸轮胎

①车辆停放在新能源汽车标准维修工位上,轮胎朝向正前方。

②安装车轮挡块。

③打开驾驶室侧车门,拉起手刹,关闭点火开关至"OFF 挡"。

④用专用卸工具取下车轮螺母罩,如图 6-29 所示。

⑤用机械式扭力扳手、中号短接杆、21 号内六角套筒对称预松 5 个车轮螺母,如图 6-30 所示。

备胎的
更换

图 6-29　取下车轮螺母罩

图 6-30　预松车轮螺母

⑥举升车辆到合适的位置,锁死举升机。

⑦分 2~3 次拆下 5 个车轮螺母。

⑧取下车轮。

注意:在放置车轮时,一定要保证车轮的轮毂面朝上,防止损坏轮毂。

2.安装备胎

①从后备箱取出备用车轮。

②安装备胎车轮,同时保证车轮螺栓孔与刹车盘螺栓孔对齐。

③用手对称安装车轮的 5 个固定螺栓,如图 6-31 所示。

④用快速棘轮扳手、中号短接杆、21 号内六角套筒对称预紧 5 个轮胎固定螺母。

⑤放下车辆。

⑥用预制式扭力扳手、中号短接杆、21 号内六角套筒对称紧固 5 个轮胎固定螺栓到标准力矩,如图 6-32 所示。

⑦安装车轮螺母罩。

⑧用同样的方法分别更换其他 3 个轮胎。

⑨降下举升机,恢复车辆。

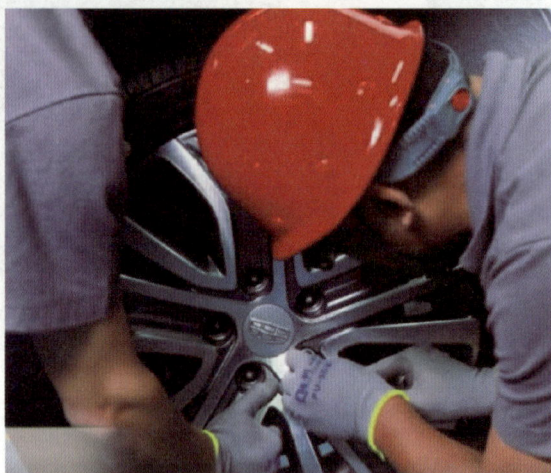
图 6-31　对称安装固定螺栓

图 6-32　紧固固定螺栓

任务七　车轮换位

轮胎换位

1.交叉换位

①将车辆停放在新能源汽车标准维修工位上,轮胎朝向正前方。

②安装车轮挡块。

③打开驾驶室侧车门,拉起手刹,关闭点火开关至"OFF 挡"。

④用专用拆卸工具取出左前车轮和右后车轮螺栓母罩。

⑤用机械式扭力扳手、中号短接杆、21 号内六角套筒对称预松左前车轮和右后车轮的螺母。

⑥举升车辆到合适的位置。

⑦分 2~3 次拆下左前车轮和右后车轮螺母。

⑧取下左前车轮和右后车轮。

⑨交换左前车轮和右后车轮的位置,如图 6-33 所示。

⑩安装左前车轮和右后车轮,同时保证车轮螺栓孔与刹车盘螺栓孔对齐。

⑪用手对称安装左前车轮和右后车轮的固定螺栓。

⑫用快速棘轮扳手、中号短接杆、21 号内六角套筒对称预紧左前车轮和右后车轮的固定螺栓。

⑬用上述方法对右前车轮和左后车轮进行换位,交叉换位如图 6-34 所示。

⑭降下举升机。

⑮用扭力扳手、中号短接杆、21 号内六角套筒对称紧固 4 个车轮固定螺母到标准力矩。

⑯安装车轮螺母罩。

⑰恢复车辆。

2.平行换位

①车辆停在水平地面上,轮胎朝向正前方。

图 6-33　交换左前车轮和右后车轮

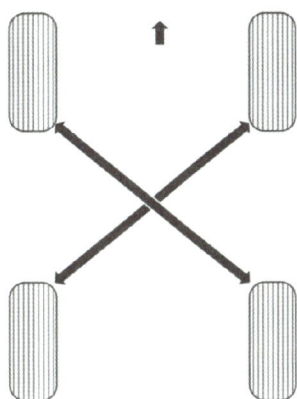

图 6-34　交叉换位

②安装车轮挡块。

③打开驾驶室侧车门,拉起手刹,关闭点火开关至"OFF 挡"。

④用专用拆卸工具取出左前车轮和左后车轮螺栓母罩。

⑤用机械式扭力扳手、中号短接杆、21 号内六角套筒对称预松左前车轮和左后车轮的螺母。

⑥举升车辆到合适的位置。

⑦分 2~3 次拆下左前车轮螺母和左后车轮螺母。

⑧取下左前车轮和左后车轮。

⑨交换左前车轮和左后车轮的位置,如图 6-35 所示。

⑩安装左前车轮和左后车轮,同时保证车轮螺栓孔与刹车盘螺栓孔对齐。

⑪用手对称安装左前车轮和左后车轮的固定螺栓。

⑫用快速棘轮扳手、中号短接杆、21 号内六角套筒对称预紧左前车轮和左后车轮的固定螺栓。

⑬用上述方法对右前车轮和右后车轮进行换位,平行换位如图 6-36 所示。

图 6-35　交换左前车轮和左后车轮

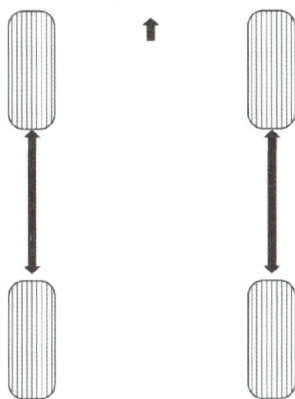

图 6-36　平行换位

⑭放下车辆。

⑮用预制式扭力扳手、中号短接杆、21 号内六角套筒对称紧固左前车轮和左后车轮固定螺栓到标准力矩。

⑯安装车轮螺母罩。

⑰恢复车辆。

任务八　制动系统的基本检查维护

①把车辆水平放置在新能源汽车维修标准工位上。

②安装车轮挡块。

③打开驾驶室侧车门,拉起手刹,关闭点火开关至"OFF 挡"。

④安装车内防护套。

⑤打开机舱盖。

⑥安装车外防护垫。

⑦踩下刹车,检查刹车踏板功能及自由行程是否正常,如图 6-37 所示。

⑧制动液位的基本检查。

a.用探照灯查看储液罐液面,液面位置应该在保持在 MAX 和 MIN 之间,如图 6-38 所示。

制动系统的
基本检查

图 6-37　检查刹车踏板功能及自由行程

图 6-38　查看储液罐液面

b.拧开加注口盖,查看制动液是否浑浊,如果浑浊则需要更换制动液,如图 6-39 所示。

⑨举升车辆到合适位置。

⑩用探照灯检查制动管路的安装、连接、损伤情况及有无漏油,制动软管有无老化,防尘罩是否丢失等,如图 6-40 所示。

⑪降下举升机,恢复车辆。

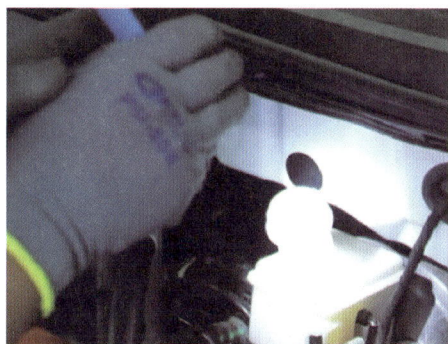

图 6-39 查看制动液

图 6-40 检查制动管路等

任务九 制动盘、制动片的基本检查维护

1.检查制动盘外观

①用工业酒精或准许的等效制动器清洗剂清洗制动盘摩擦面,如图 6-41 所示。

②用探照灯检查制动盘摩擦面是否存在严重锈蚀或点蚀,如图 6-42 所示。

制动盘、制
动卡的检测

图 6-41 清洗制动盘摩擦面

图 6-42 检查制动盘摩擦面

③用探照灯检查制动盘摩擦面是否存在轻微的表面锈蚀。

④用探照灯检查制动盘摩擦面是否存在开裂或灼斑。

⑤用探照灯检查制动盘摩擦面是否存在严重变色发蓝。

⑥用探照灯检查制动盘摩擦面是否存在制动盘摩擦面的深度划痕。

> ☆ 友情提示
>
> ①如果制动盘摩擦面出现上述一种或几种情况,则制动盘需要进行表面修整或更换。
>
> ②对制动盘进行表面修整或更换后,制动衬块也要进行更换。

2.测量制动盘厚度

①选择合适的外径千分尺并校准,如图 6-43 所示。

②取下制动盘。

③用工业酒精或类似的制动器清洗剂清洗制动盘摩擦面。

④将制动盘安装至轮毂/车桥法兰上。

⑤用游标卡尺或直尺标记测量点位置,如图6-44所示。

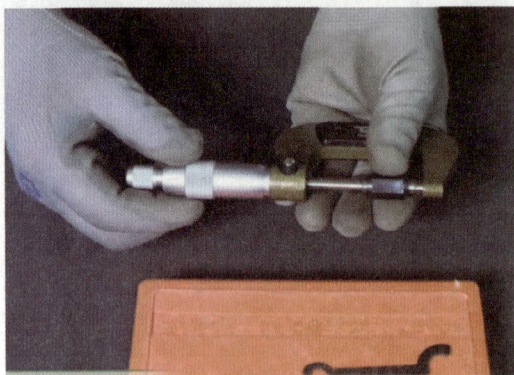

图6-43　选择外径千分尺

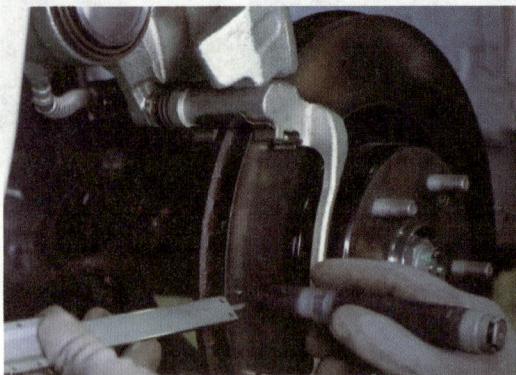

图6-44　标记测量点位置

⑥用外径千分尺测量并记录沿制动盘圆周均匀分布的4个或4个以上位置点的最小厚度,如图6-45所示。

注意:务必确保仅在制动衬块衬面接触区域内进行测量,且每次测量时外径千分尺与制动盘外边缘的距离必须相等。

⑦如果制动盘厚度超过规格,则制动盘需要进行表面修整或更换。

3.测量制动盘端面跳动量

①用工业酒精或类似的制动器清洗剂清洗制动盘摩擦面。

②将制动盘安装至轮毂/车桥法兰上,如图6-46所示。

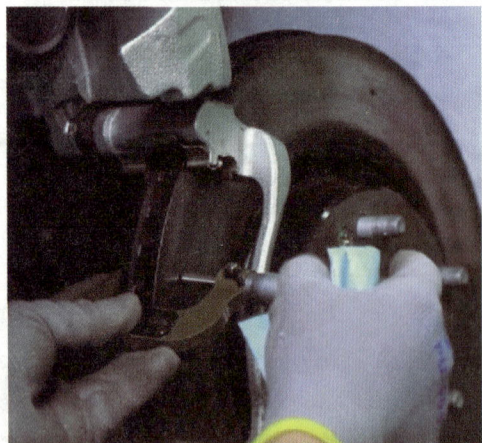

图6-45　测量并记录最小厚度

图6-46　将制动盘安装至轮毂/车桥法兰上

③用手安装螺母并用扳手紧固螺母。

④将百分表底座安装至转向节上,使百分表测量杆与制动盘摩擦面接触成90°,且距离

制动盘外边缘13 mm(工作区域),如图6-47所示。

⑤校准:转动制动盘,直到百分表读数达到最小,然后将百分表归"0",如图6-48所示。

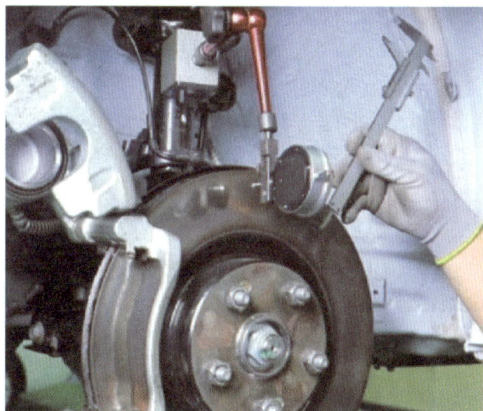

图6-47 将百分表底座安装至转向节上

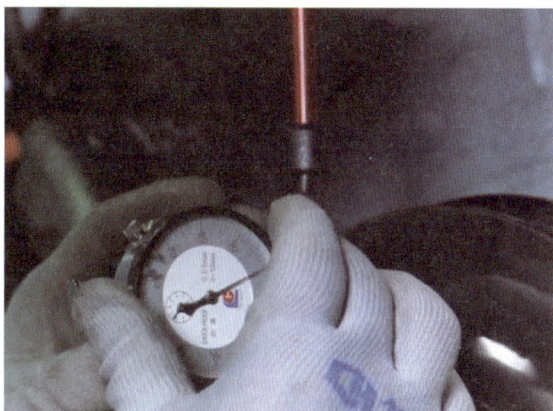

图6-48 校准

⑥转动制动盘,直到百分表上读数达到最大,如图6-49所示。

⑦标记并记录端面跳动量。

⑧将端面跳动量测量值与规格值相比较,如果制动盘端面跳动量测量值超过规格值,应检查轴承轴向间隙和车桥轮毂的跳动;若轴承轴向间隙和车桥轮毂跳动正常,制动盘厚度在规定的范围内,则对制动盘进行表面修整以确保正确的平整度。

4.制动片的基本检查

①取下盘式制动片。

②用工业酒精或准许的等效制动器清洗剂清洗盘式制动片,如图6-50所示。

图6-49 转动制动盘

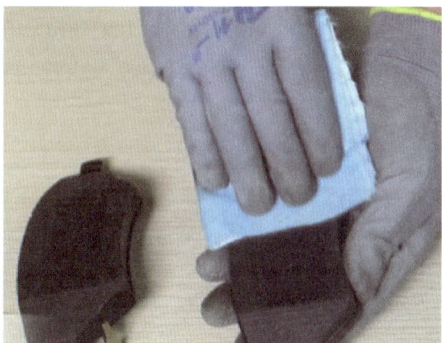

图6-50 清洗盘式制动片

③检查制动片的摩擦面是否开裂、破裂或损坏,如图6-51所示。

④用深度尺或者钢直尺测量刹车片的厚度,如图6-52所示。

⑤判定刹车片厚度是否满足要求,如果小于最小规定值,则需要更换制动片。

图 6-51　检查制动片摩擦面

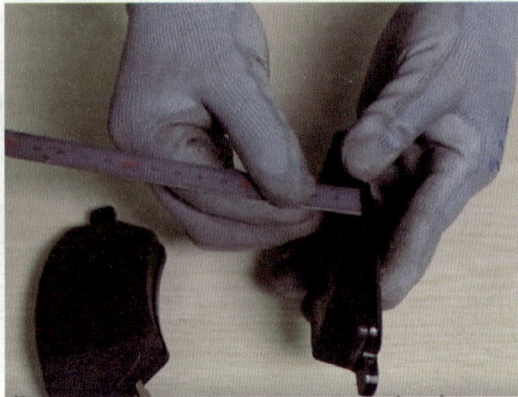

图 6-52　测量刹车片厚度

任务十　液压制动系统的排气

①把车辆水平放置在新能源汽车维修标准工位上。

②安装车轮挡块。

③打开驾驶室侧车门,拉起手刹,关闭点火开关至"OFF 挡"。

④安装车内防护套。

⑤打开机舱盖。

⑥安装车外防护垫。

⑦保持电源关闭状态,踩下制动踏板数次,直到完全消除助力器中的压力。

⑧打开制动液储液罐盖,加注制动液至储液罐中,在排气操作中要不停地加注制动液,使储液罐液面保持在一半以上,如图 6-53 所示。

⑨缓缓踩下制动踏板到底,并保持住。

⑩松开总泵上的一根制动油管,待制动液从端口流出,紧固制动油管接头到标准力矩。

⑪松开总泵上的另一根制动油管,待制动液从端口流出,紧固制动油管接头到标准力矩,如图 6-54 所示。

液压制动系统的排气

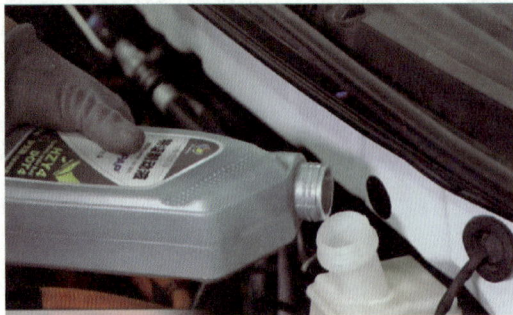

图 6-53　加注制动液

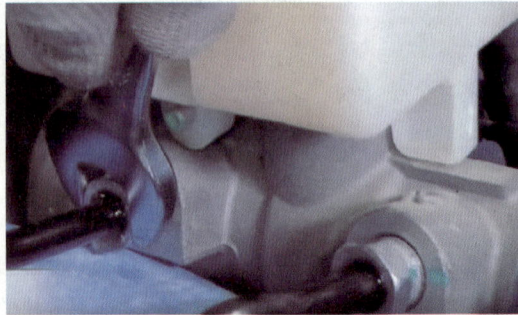

图 6-54　松开油管

⑫重复以上操作数次。

⑬举升车辆到合适位置,并拆下左后车轮。

⑭拆下放气螺钉防尘罩,将一根透明管连接到右后制动钳上的后放气螺钉上,使管子浸入透明容器中的制动液内,如图 6-55 所示。

⑮缓慢踩住制动踏板,切忌急踩制动踏板。

⑯在踩下制动踏板的同时,松开放气螺钉,排出制动钳中的空气,如图 6-56 所示。

图 6-55　连接管路

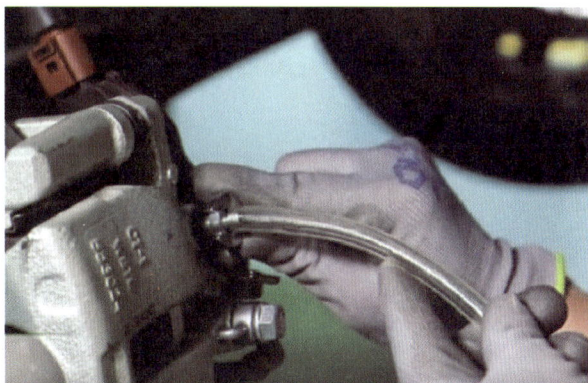

图 6-56　排出制动钳中的空气

⑰在气泡逸出到制动液容器中后,稍微紧固后放气螺钉。

⑱慢慢松开制动踏板。

⑲等候 20 s 后,重复以上操作,直到排出所有空气。

⑳松开放气螺钉时,如果容器中不再出现气泡,则表明空气已全部排出。

☆ 友情提示

①在排气过程中,总泵储液罐液面要保持在至少一半以上。

②紧固放气螺钉到标准力矩。

③按左前、左后、右前顺序排放其余制动钳中的空气。

④在排出所有制动钳中的空气后,检查制动踏板是否绵软,如果踏板绵软,重复整个排气程序,直至正常。

㉑降下举升机,恢复车辆。

项目七 | 纯电动汽车冷却系统维护与保养

【任务描述】

小李是某汽车 4S 店的维修师傅,今天接待了一辆纯电动汽车的车主。车主要求对汽车补加冷却液并对冷却系统进行维护作业。

你知道纯电动汽车冷却系统的维护内容有哪些吗？维护时有什么注意事项吗？

【知识目标】

1.能够描述纯电动汽车冷却系统的结构和作用；

2.能够描述纯电动汽车冷却系统的工作原理。

【技能目标】

1.能够快速找到纯电动汽车冷却系统各个零部件的安装位置；

2.能够规范对纯电动汽车冷却系统进行维护；

3.能够熟练掌握维护工具的使用。

【思政目标】

1.培养学生的企业安全意识和环保意识；

2.培养学生分析问题和解决问题的能力；

3.培养学生技能强国的人生理想。

【理论知识】

一、纯电动汽车冷却系统的组成

纯电动汽车冷却系统主要由冷却水泵、膨胀罐、散热器、散热器风扇、整车控制器、热管理控制模块、冷却液及相关管路等组成。纯电动汽车需要冷却的零部件主要有电机控制器、车载充电机、驱动电机、高压电池等,如图 7-1 所示。

1.电动水泵

电动水泵由低压电路驱动,为冷却液的循环提供压力。有些车型的冷却系统有两个电动水泵,分别为电机水泵和电池水泵,其结构如图7-2所示。

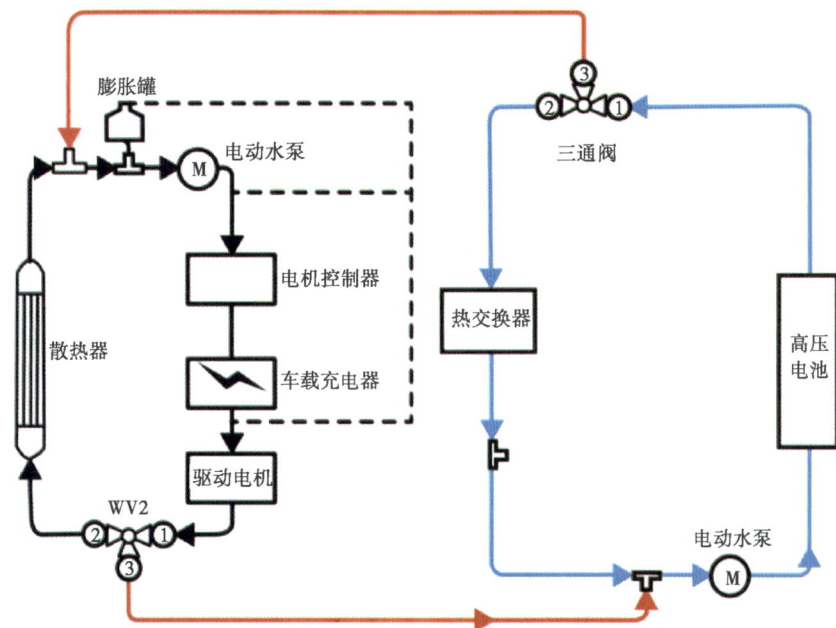

图 7-1　纯电动汽车冷却系统(吉利 EV450)

2.膨胀罐

膨胀罐是一个透明的塑料罐,通过水管与散热器连接,其结构如图7-3所示。

图 7-2　冷却系统水泵

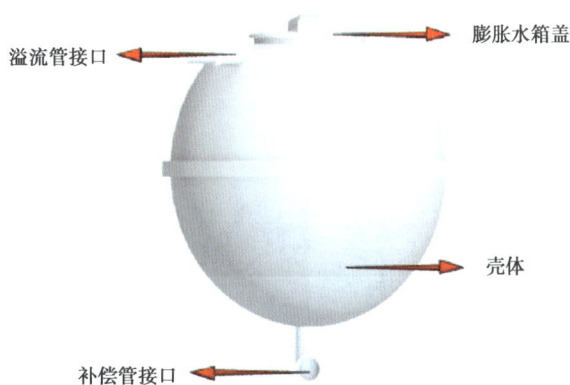

图 7-3　膨胀罐

当车辆在工作时,随着冷却液温度升高内部压力逐渐变大,部分冷却液会从车载充电器等部件中流入膨胀罐,系统中滞留的空气也被排入膨胀罐;当车辆停止后,冷却液自动冷却并收缩,先前排出的冷却液则被吸回散热器,从而使散热器中的冷却液保持在合适的液面,提高冷却效率。当冷却系统处于冷态时,冷却液面应保持在膨胀罐上 LOW(最低)和 FULL(最高)标记之间。

3.冷却风扇

冷却风扇总成安装在机舱内散热器的后部,它可增加散热器和空调冷凝器的通风量,从而有助于加快车辆低速行驶时的冷却速度,其结构如图7-4所示。

冷却风扇采用双风扇、高低速的控制模式,通过两个不同的电机驱动扇叶。冷却风扇由整车控制模块(VCU)利用冷却风扇低速继电器和冷却风扇高速继电器直接控制。在低速电路中,采用串联调速电阻的方式来改变风扇的转速。

4.散热器

散热器由进水口、出水口及散热器芯三部分构成。冷却液在散热器芯内流动,空气在散热器外通过。散热器负责循环水的冷却,它的水管和散热片多用铝材制成,铝制水管做成扁平形状,散热片带波纹状,注重散热性能,安装方向垂直于空气流动的方向,尽量做到风阻小,冷却效率高,其结构如图7-5所示。

图7-4　冷却风扇

图7-5　散热器

冷却液在散热器芯内流动,空气在散热器芯外通过,热的冷却液由于向空气散热而变冷,冷空气则因为吸收冷却液散出的热量而升温,所以散热器是一个热交换器。

5.冷却液

冷却液一般为乙二醇型冷却液(防冻液),它的冰点不大于−40 ℃。禁止使用普通清水当冷却液。另外,冷却液不能混用。

6.热交换器

热交换器是冷却液进行散热的重要部件,内部有冷却水管道和制冷剂管道交替排列。当冷却液温度过高时,系统控制制冷剂流过热交换器,吸收冷却液的热量,使冷却液温度降低,其结构如图7-6所示。

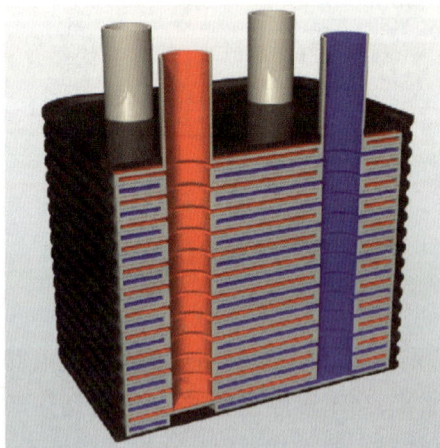

图7-6　热交换器

二、纯电动汽车冷却系统的作用

冷却系统的主要作用就是通过冷却液循环散热为驱动电机、车载充电机、电机控制器这三大部件进行散热。当电池温度过高时,冷却系统也为动力电池降温。

1.驱动电机的冷却

驱动电机转子高速旋转会产生高温,热量通过机体传递,如果不降温,驱动电机无法正常工作,所以驱动电机机体内设置有冷却液道,通过冷却液的循环与外界进行热交换,这样能将驱动电机的工作温度保持在一定范围内,防止驱动电机过热。

2.车载充电机的冷却

车载充电机工作时将高压交流电转化成高压直流电,其转化过程中会产生大量的热量,因此车载充电机内部也有冷却液道,通过冷却液的循环降低车载充电机的工作温度。

3.电机控制器的冷却

电机控制器不但控制驱动电机的高压三相供电,还要将动力电池的高压直流电转化成低压直流电为铅酸蓄电池充电,在此过程中会产生热量,需要通过冷却液循环散热。

4.高压电池的冷却

工作电流大,产热量大,同时电池包处于一个相对封闭的环境,会导致电池温度上升,通过冷却液的循环能有效降低动力电池的工作温度。

【实践技能】

冷却系统
的基本
检查

任务一　冷却系统的基本检查

①把车辆移动到新能源汽车维修标准工位上。

②安装车轮挡块。

③打开驾驶室侧车门,拉起手刹,关闭点火开关至"OFF 挡"。

④安装车内防护套。

⑤打开机舱盖。

⑥安装车外防护垫。

⑦用探照灯检查冷却管路是否老化、皲裂、变形等,如图 7-7 所示。

⑧检查冷却管接口连接是否松脱、移位,如图 7-8 所示。

⑨检查水泵外观是否正常。

⑩检查冷却风扇是否变形、有异物,如图 7-9 所示。

⑪检查冷却液液位是否处在 FULL 与 LOW、MAX 与 MIN 之间,如果低于 LOW 或者 MIN,则需要添加冷却液,如图 7-10 所示。

⑫打开膨胀罐盖,检查冷却液颜色是否正常、是否浑浊,如图 7-11 所示。

⑬打开冰点测试仪并校准,如图 7-12 所示。

图 7-7　检查冷却管路

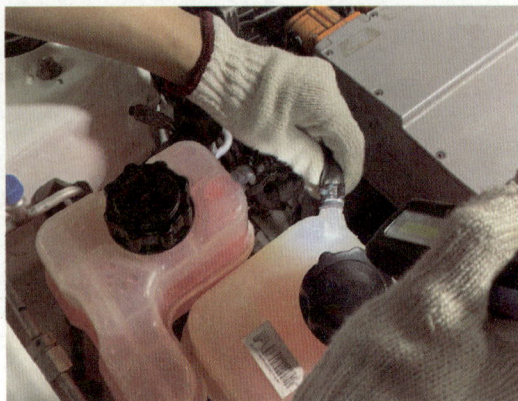

图 7-8　检查冷却管接口

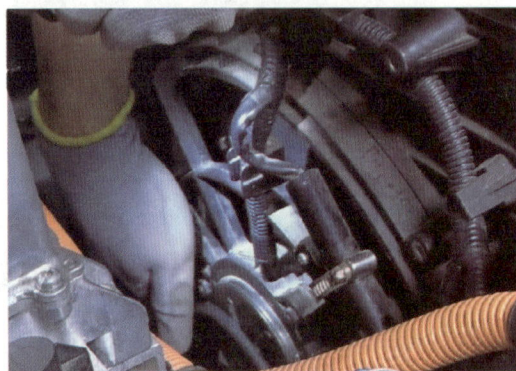

图 7-9　检查冷却风扇

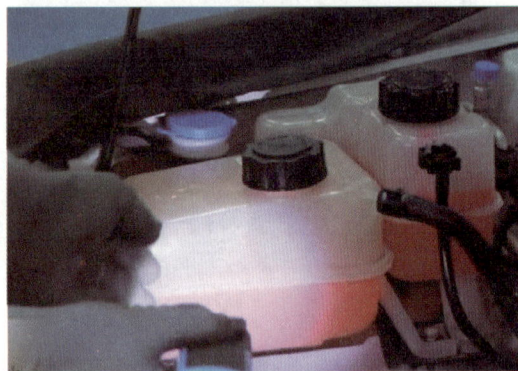

图 7-10　检查冷却液液位

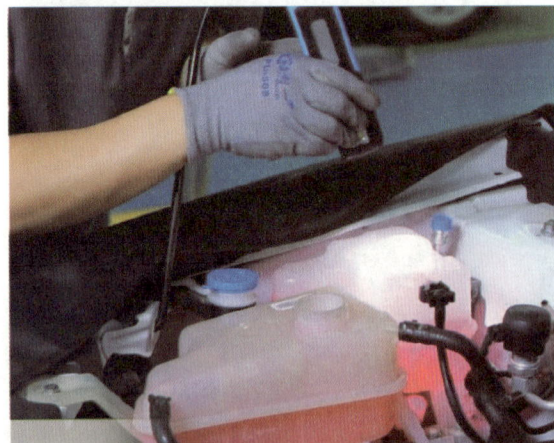

图 7-11　检查冷却液颜色

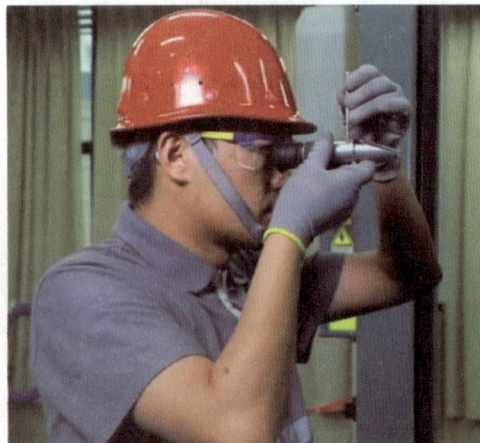

图 7-12　校准冰点测试仪

⑭取样，如图 7-13 所示。

⑮检测冷却液冰点，读取冰点数值，如图 7-14 所示。

⑯判断冰点数值是否满足要求。

图7-13 取样

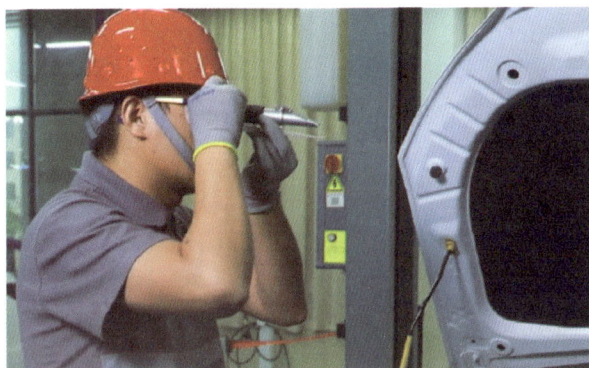

图7-14 读取冰点数值

⑰如果不满足要求则需要更换冷却液。

⑱拧紧膨胀罐盖。

⑲检查完毕,恢复工位。

任务二 冷却液的更换(吉利EV450)

①把车辆移动到新能源汽车维修标准工位上。

②安装车轮挡块。

③打开驾驶室侧车门,拉起手刹,关闭点火开关至"OFF挡"。

④安装车内防护套。

⑤打开机舱盖。

⑥安装车外防护垫。

⑦打开冷却液膨胀罐总成盖,如图7-15所示。

⑧举升车辆到合适的位置。

⑨断开散热器出水管,用回收容器接收放出冷却液,如图7-16所示。

冷却液的
更换

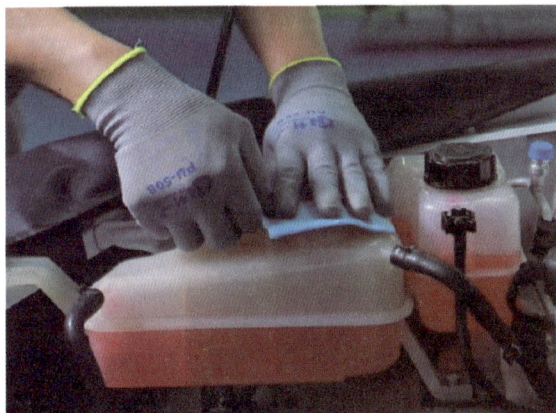

图7-15 打开冷却液膨胀罐总成盖

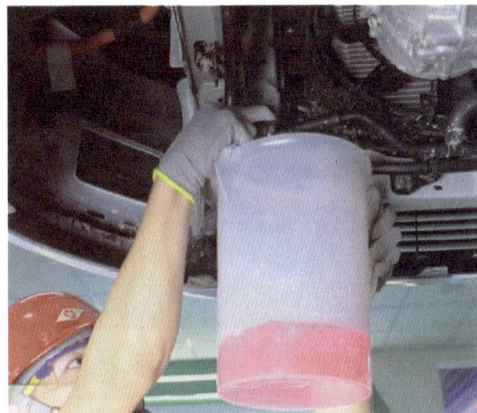

图7-16 接收冷却液

注意:冷却液应等待报废或再生利用,不要将旧高压电池冷却液排入下水管道,注意保护环境。

⑩连接散热器出水管,如图 7-17 所示。

⑪检查管路,确保冷却管路连接完整。

⑫降下车辆。

⑬检查冷却液规格是否满足要求,如图 7-18 所示。

图 7-17 连接散热器出水管

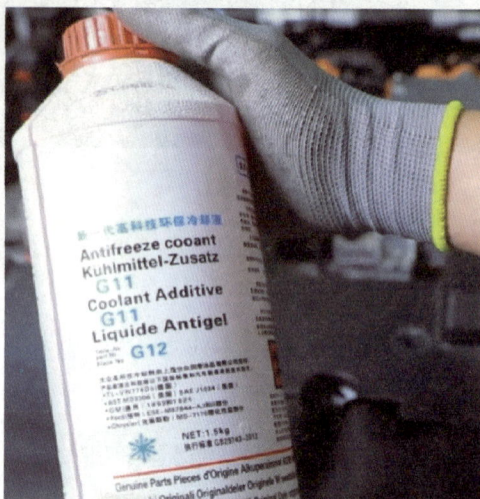

图 7-18 检查冷却液规格

⑭静态加注冷却液:将车辆启动至 ON 挡且非充电状态,连接诊断仪,选择"车型→手工选择系统→空调控制器(AC)→特殊功能",选择"加注初始化",车辆处于加注初始化状态,如图 7-19 所示。

⑮拧开膨胀罐盖,缓慢加注冷却液,直至膨胀罐内冷却液量达到 80% 左右,且液位不再下降,如图 7-20 所示。

图 7-19 静态加注冷却液

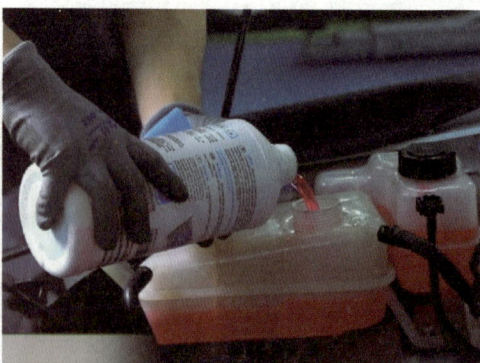

图 7-20 加注冷却液

⑯系统排气:控制诊断仪,使车辆处于排气状态,如果液位下降及时补充冷却液,排气过程时长不小于 10 min。

⑰排气过程中继续观察膨胀罐内冷却液下降情况,及时补充冷却液,使冷却液液位处于

MAX 线和 MIN 线之间不再变化为止。

⑱拧紧膨胀罐盖,控制诊断仪,车辆恢复默认模式。

⑲加注完成。

项目八｜纯电动汽车空调系统维护与保养

【任务描述】

小张为某汽车4S店维修工,今天有一辆纯电动汽车的空调系统工作出风有异味,车主要求对汽车的空调系统进行维护作业。

你知道对纯电动汽车空调系统进行维护的作业内容有哪些吗? 维护时有什么注意事项吗?

【知识目标】

1.能够描述纯电动汽车空调系统的组成及作用;

2.能够说出冷风系统的组成及作用;

3.能够说出暖风系统的组成及作用;

4.能够说出空调系统通风及控制系统的组成及作用。

【技能目标】

1.能在实车上快速找到空调系统各零部件的安装位置;

2.能够熟练对空调各个系统进行维护作业;

3.能正确使用纯电动汽车空调系统维护所需工具。

【思政目标】

1.培养学生具有企业质量意识和安全意识;

2.培养学生吃苦耐劳、精益求精的工匠精神。

【理论知识】

一、纯电动汽车空调系统与传统汽车空调系统的区别

纯电动汽车空调系统与传统汽车空调系统的区别主要表现在两个方面:一是压缩机动力源不同。传统汽车压缩机动力源自于发动机,暖风系统热源多数利用的是发动机余热;而

图 8-9　膨胀阀

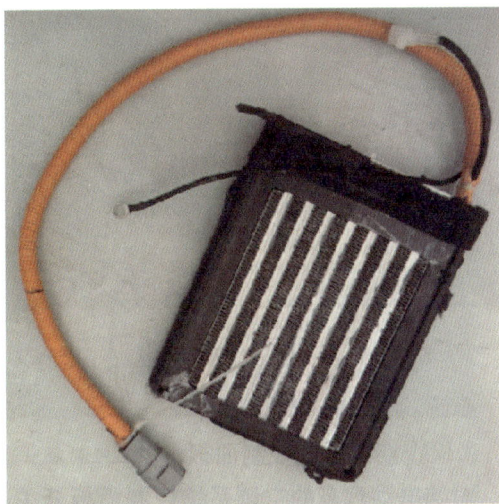

图 8-10　PTC 加热器

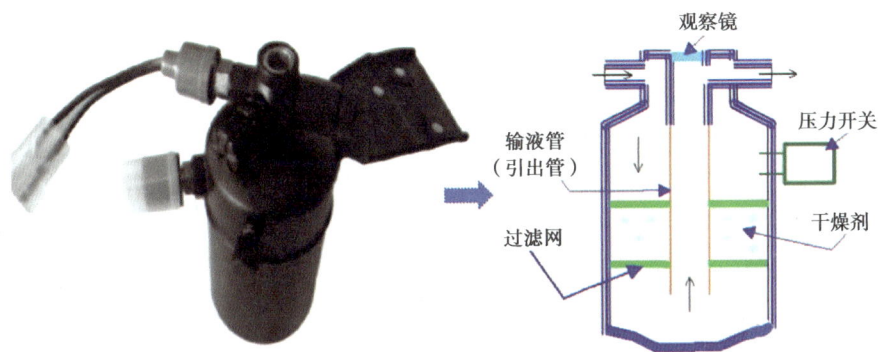

图 8-11　气液分离器

【实践技能】

任务　纯电动汽车空调系统的维护与保养

空调系统
的维护与
保养

1.检查空调系统外观

①检查高、低压维修阀及管路接口是否泄漏。

②检查冷凝器和压缩机外观是否正常,管路是否泄漏及紧固状态,如图 8-12 所示。

③检查各个管路是否发生老化、皲裂破损等现象。

2.检查空调系统线束

①检查电路线束及插接器连接处是否对插到位,有无松动、破损、老化等问题,如图 8-13 所示。

②检查插接器线束波纹管有无破损。

③检查插接器内插针是否有退针、弯曲等异常现象,如图 8-14 所示。